DAVID KORNFIELD

INTRODUÇÃO À RESTAURAÇÃO DA ALMA

3ª EDIÇÃO

Copyright © 2021 por David Kornfield
Publicado por Editora Mundo Cristão.

Os textos das referências bíblicas foram extraídos da *Nova Versão Internacional* (NVI), da Biblica, Inc., salvo indicação específica.

Todos os direitos reservados e protegidos pela Lei nº 9.610, de 19/02/1998.

É expressamente proibida a reprodução total ou parcial deste livro, por quaisquer meios (eletrônicos, mecânicos, fotográficos, gravação e outros), sem prévia autorização, por escrito, da editora.

CIP-Brasil. Catalogação na publicação
Sindicato Nacional dos Editores de Livros, RJ

K87i
3. ed.

    Kornfield, David
       Introdução à restauração da alma / David Kornfield. - 3. ed. - São Paulo : Mundo Cristão, 2021.
       208 p.

ISBN 978-65-5988-019-5

    1. Saúde mental - Aspectos religiosos - Cristianismo. 2. Psicologia religiosa. 3. Vida cristã - Doutrina Bíblica. I. Título.

21-71611

CDD: 248.4
CDU: 27-584

Índice para catálogo sistemático:
1. Restauração da alma : Vida cristã   248.4
Categoria: Espiritualidade

Publicado no Brasil com todos os direitos reservados por:
Editora Mundo Cristão
Rua Antônio Carlos Tacconi, 69, São Paulo, SP, Brasil, CEP 04810-020
Telefone: (11) 2127-4147
www.mundocristao.com.br

1ª edição: fevereiro de 2008
3ª edição: setembro de 2021
3ª reimpressão: 2024

DEDICATÓRIA

a Mary Fawcett,
"Mãe espiritual" do trabalho
de cura interior expressado neste livro.
Ela deu coragem para Débora e eu
embarcarmos nessa aventura.
Sua fé, coragem, otimismo,
confiança em Deus e sabedoria
têm sido um farol constante
a cada passo do caminho.
Este livro, em certo sentido,
é o reflexo e a multiplicação
de sua vida.
Que assim seja,
e a Deus toda honra e glória!

AGRADECIMENTOS

Muitas pessoas contribuíram para este primeiro livro da série Grupos de Apoio. Este livro foi revisado pelas experiências e perspectivas de muitas pessoas, das quais quero destacar dois grupos. Pastor Vandeir Dantas, da Igreja Batista Jardim das Imbuias, permitindo que minha esposa, Débora, e eu ministrássemos o curso deste livro na escola dominical. Em pouco tempo, sua esposa, Hildete, uniu-se à equipe de instrutores, e nos tornamos três. Muitas pessoas participaram da classe, mas as seguintes se sobressaíram por sua fidelidade e seriedade nas tarefas: Ana Lúcia, Barbara e Elias, Daniela, Deronice e Vanderlei, Edmilson e Flávia, Edson e Marta, Heliana, João, Leandro, Loide, Lourdes, Márcio e Rita, Maria, Rosely e Sérgio, Valdísio, Valéria, Vera Mitri e Zoraide.

Líderes de equipes de restauração de vários estados se reuniram conosco nesta primeira experiência, ministrando o curso em suas igrejas e ajudando-me a modificá-lo. Beth Pereira dos Santos, de Curitiba, demonstrou um dom e uma maturidade especial nesta área e se tornou parte da equipe de instrutores junto com Mary Fawcett, Débora e eu. Outros que lideraram o trabalho em seus estados foram: do **Rio de Janeiro**, Claudia M. Linhares dos Santos, Márcia Ribeiro, Juçara Mendes Braga de Moura, Maria Luisa Viana e Rosi Meire Cardoso Ferreira; de **São Paulo**, Hilde Spitzer, Gilvan José de Santana e Marta Cardoso Bento de Carvalho; de **Goiânia**, Mariquita Elias e João Marcio da Silva; da **Bahia**, Elias Evangelista Nascimento; do **Espírito Santo**, Elizabeth M. Loureiro e Margareth Rosani Santos; e de **Minas Gerais**, Regina Márcia Viana, Silvana dos Santos Toledo e Sueli das Neves Nunes.

Quanto à ajuda profissional, dr. Carlos "Catito" Grzybowski, de Curitiba, secretário executivo do Corpo de Psicólogos e Psiquiatras Cristãos (CPPC), fez um árduo trabalho de amor em revisar o manuscrito da perspectiva psicológica. Fico muito agradecido a ele como a Edson Mendes de Rosa (SP), que fez o mesmo trabalho quanto a uma revisão profissional do português. Sou também grato à Editora Sepal, especialmente a Billy Viveiros, que deu todo apoio profissional de que eu precisava, especialmente na produção da capa. Finalmente, agradeço à minha secretária, Ana Aparecida

6 Introdução à restauração da alma

L. Silva, que trabalhou horas a fio, muitas vezes ficando depois do expediente normal, para me ajudar a coordenar os treinamentos e os muitos detalhes da elaboração deste livro. Muito obrigado a todos vocês, sem os quais este livro não teria saído desta forma!

SUMÁRIO

Prefácio da nova edição 9

Prefácio: uma palavra para pastores e líderes 11

Como usar este manual — Dicas para o líder do treinamento 15

1. O que é restauração da alma? 19
2. Por que a restauração da alma é tão importante? 35
3. A base bíblica para a restauração da alma 51
4. Entendendo a raiz da ira 59
5. Entendendo a raiz do medo 77
6. Entendendo a depressão 95
7. Entendendo as lutas com nossa autoimagem (identidade) 113
8. Entendendo a força do estresse 131
9. Entendendo a culpa falsa e a verdadeira 155
10. Entendendo se há necessidade de um processo mais 173
profundo de restauração

Apêndice 1: Dicas para o coordenador do curso 185

Apêndice 2: Resposta breve a algumas críticas à restauração da alma 195

Teste de traumas emocionais 199

A identidade e a posição do cristão 201

Índice de autores 205

Como contatar o CPPC e o REVER 207

Para pessoas com um chamado na área de restauração, oferecemos um treinamento que normalmente é feito durante três anos, com um total de 10 a 12 dias de encontros, conforme o estado onde se estiver recebendo o treinamento, podendo ser iniciado com um retiro de 2 a 3 dias. Encorajamos o pastor a participar nesse primeiro retiro, junto com a equipe em potencial de sua igreja. Queremos que o pastor possa tirar suas dúvidas e assim apoiar este ministério com liberdade e alegria.

Para participar, entre em contato com o escritório do Ministério REVER, Fones: (47) 3472-2056 / (47) 98446-8124, e-mail ministeriorever@gmail.com, com Luciene Schalm, (47) 3472-2056. Luciene lidera o ministério REVER (Restaurando Vidas, Equipando Restauradores) com uma rede de equipes em todo o Brasil.

PREFÁCIO DA NOVA EDIÇÃO

Esta terceira edição modificou mais uma vez o livro que, em sua primeira edição, foi intitulado *Introdução à cura interior*. O título atual, já adotado na segunda edição, baseia-se na dificuldade que algumas pessoas queridas têm de entender o que o termo "cura interior" significa para nós. Para elas, o termo já vem carregado de implicações não agradáveis. Achamos útil, então, adotar o termo "**restauração da alma**". Com esse termo esperamos comunicar com menos constrangimento e maior alegria.

No processo de fazer essa pequena mudança, e através de mais vinte anos de trabalho na área de restauração emocional, descobrimos outros detalhes no livro que achamos melhor modificar. Nesta edição, extraímos os capítulos 11, 12 e 13 e os disponibilizamos no *site* do Ministério Rever, para que as equipes de restauração possam estudar e aplicar nas dinâmicas de restauração.

Nas **bibliografias** incluímos vários recursos novos que têm surgido no Brasil nesses cinco anos, e revisamos um pouco o texto para refletir nossa experiência e nosso aprendizado, que, graças a Deus, é um processo sempre crescente.

O trabalho do Rever (Restaurando Vidas, Equipando Restauradores, um braço do Mapi) está crescendo e se desenvolvendo a todo vapor. Se você se interessar em conhecer mais sobre o treinamento que o Rever oferece para equipes de restauração nas igrejas locais, contate o coordenador de sua região no número de telefone fornecido, e no site do ministério Rever você pode encontrar os lideres estaduais.

O nosso desejo é que cada equipe leiga tenha o apoio de pelo menos um profissional na área de restauração emocional e saúde mental. Por esse motivo, **procuramos sempre construir pontes entre nosso trabalho e o trabalho do CPPC**, o Corpo de Psicólogos e Psiquiatras Cristãos. Os coordenadores do Rever de cada região podem lhe orientar nesse sentido se você quiser contato com um profissional cristão.

O **Rever está comprometido com treinamento sério e reciclagem contínua**. Nossos **congressos** pretendem oferecer tanto às equipes do Rever como a profissionais de todo o país **informação**

pertinente e treinamento eficaz. Você pode acompanhar todos os trabalhos e oferecimentos do Rever no site:

www.ministeriorever.com.br

Informe-se e venha conosco para essa grande aventura de participar com Deus na restauração de vidas!

Com carinho e muita expectativa,

David Kornfield
ABRIL DE 2021

PREFÁCIO: UMA PALAVRA PARA PASTORES E LÍDERES

Existem três tipos de pastores e líderes no que diz respeito à restauração da alma. **O primeiro não tem pensado seriamente sobre o assunto e não percebe o quanto sua igreja, e possivelmente ele mesmo, está perdendo.** Se você, ou pastores amigos seus, se encontra nessa situação, esperamos que este livro o torne sensível à grande necessidade de sermos maduros emocionalmente. Onde não existe uma visão clara de emoções saudáveis e restauração, a grande tendência é demonstrar as emoções "certas" exteriormente, mas ter muita culpa e angústia por saber que, por dentro, essas emoções não fluem. Espero que este livro o ajude a conduzir sua igreja a uma visão de emoções maduras (amor, alegria, paz e todo o fruto do Espírito), que fluam de dentro para fora.

O segundo tipo de pastor ou líder sente que as emoções saudáveis e a restauração da alma são importantes, mas não sabe bem como andar nessa realidade ou como treinar outros para ministrar nessa área. Muitos têm lido bons livros sobre o assunto e ouvido boas palestras, mas não têm sido treinados em como superar feridas e traumas do passado e continuam escravizados. Alguns estão confusos quanto ao que é a restauração da alma e como ela funciona na prática. Assim, esperamos que este livro o ajude. Por exemplo, apontamos seis erros sobre o conceito de cura emocional e oferecemos uma visão bíblica e prática a respeito do assunto.

O terceiro tipo de pastor ou líder está convencido de que a restauração da alma é indispensável no ministério da igreja e já tem algum ministério nesse campo, mas sabe que deve haver muitas formas de melhorar nisso. Este livro pretende servi-lo de várias maneiras, tais como:

• Aprofundar a visão quanto à restauração como ministério fundamental da igreja;

• Indicar exercícios de autoavaliação que ajudem a identificar o nível de necessidade de cura;

• Treinar uma equipe de restauração para manter e estender esse ministério;

• Desenvolver a restauração como uma ferramenta evangelística;

• Amadurecer os membros da igreja para que eles possam ser mais saudáveis e saber como melhor ajudar pessoas com problemas;

12 Introdução à restauração da alma

• Oferecer um modelo de grupos de apoio para pessoas feridas que permita que tais pessoas sejam tratadas não apenas em nível individual, pois isso requer muita energia e tempo para a restauração de cada indivíduo.

• Oferecer um sistema de treinamento em duas fases: 1) Geral, para todos, dando uma Introdução à restauração da alma por meio deste livro); 2) Mais profundo, para os que querem um tratamento prolongado com grupos de apoio que funcionam a longo prazo.

Este livro segue a linha da *Bíblia de Discipulado* (SBB) com seus 450 estudos para grupos pequenos em sete cursos. Os sete cursos são sobre: 1) discipulado, 2) relacionamentos; 3) casamentos; 4) equipes de alto rendimento; 5) restauração; 6) personagens bíblicas (de discipuladores); e 7) caráter (o perfil de um verdadeiro discípulo). O curso de restauração pode ser usado antes ou depois deste livro e o livro que o segue, *Aprofundando a restauração da alma*, seja de forma individual ou em grupo. Essa Bíblia coloca nas mãos do pastor e da liderança da igreja ferramentas que permitem o treinamento de líderes de grupos pequenos de diferentes tipos. Essas ferramentas são participativas (estimulam e requerem a participação), formativas (mudam a habilidade da pessoa), têm tarefas e aplicações e exigem que as pessoas prestem contas. Podemos dizer que são ferramentas de treinamento.

A forma tradicional de ensinar é diferente de treinamento. Veja algumas dessas diferenças:

Forma tradicional de ensinar	Treinamento (Ef 4.11-12) "Equipando Os Santos"
• Enfatiza a informação.	• Enfatiza a formação.
• Enfoca a mente da pessoa.	• Enfoca a vida total da pessoa, sua mente, caráter, relacionamentos e comportamento (habilidades).
• Teórica, sem tarefas, aplicações ou prestação de contas.	• Teórico e prático, com tarefas, aplicações e prestação de contas.
• Professor-cêntrico, com muito preparo e participação dele.	• Aprendiz-cêntrico, com muito preparo e participação dele.
• O professor explica.	• O treinador explica e demonstra; os aprendizes aprendem a fazer o mesmo.

• Começa e termina com a Bíblia, a revista da Escola Dominical ou outro conteúdo, no padrão: Conteúdo — Conteúdo — Conteúdo!	• Começa e termina com os interesses dos aprendizes, no padrão: Vida — Livro (conteúdo) — Vida!

Uma vez que este treinamento é bastante diferente, encorajamos o pastor, junto com dois líderes-chave de sua igreja, a participar de um seminário de treinamento sobre restauração. Quanto mais bem treinados, melhor poderemos treinar outras pessoas. Para mais informações, contate o escritório do Ministério Rever em Joinville, SC, Fones (47) 3472-2056 / (47) 98446-8124, e-mail: ministeriorever@gmail.com. O presente treinamento trata da primeira de duas fases da restauração:

Fase um: Introdução à restauração da alma, usando este livro. Requer quatro semanas para divulgação do curso, seguidas por dez semanas de curso. O curso é aberto a todos. Sugerimos uma taxa de matrícula que inclua, pelo menos, o custo deste livro. A igreja pode subsidiar ou cobrir essa taxa para pessoas necessitadas, mas, de forma geral, as pessoas levam bem mais a sério uma coisa pela qual pagaram. O curso requer o mínimo de uma hora de tarefa semanal. Essa fase pode funcionar bem com vinte a cem pessoas.

Recomendo que, na medida do possível, haja participação de casais. Conversas entre cônjuges que participam juntos multiplicarão os benefícios deste curso introdutório. A importância da participação do casal será ainda maior se pelo menos um dos cônjuges decidir participar da segunda fase, que é mais profunda. Nas duas fases, é melhor o casal não estar no mesmo grupo pequeno, para permitir maior liberdade de expressão de cada um.

Fase dois: usando meu livro *Aprofundando a restauração da alma* (Mundo Cristão, 2008). Isso requer três semestres com um grupo altamente comprometido. Após o primeiro mês, esse grupo é fechado e se entrega a um mínimo de *duas* horas de tarefas semanais. O grupo deve iniciar com um mínimo de vinte pessoas, liderado pela equipe de restauração.

Os líderes que encabeçarão esse ministério devem participar dessas duas fases numa igreja que já tem o programa, ou ir com seu pastor a um treinamento oferecido pelo Rever, um braço do Mapi

(Ministério de Apoio a Pastores e Igrejas). Normalmente, esses líderes devem preencher os seguintes requisitos:

1. Ser apoiados pelo pastor e pela liderança da igreja para esse ministério.
2. Ter sofrido traumas ou feridas marcantes.
3. Ter experimentado alguma medida de restauração.
4. Sentir um chamado de Deus para esse ministério.
5. Ler os livros: *O imensurável amor de Deus*, de Floyd McClung (Editora Vida), e *Cura para os traumas emocionais*, de David Seamands (Editora Betânia), elaborando um resumo de seus pontos principais, e/ou estudar o livro *O imensurável amor de Deus* em um grupo de três a vinte pessoas para trabalharem a Paternidade de Deus, solicitando ao escritório do Ministério Rever a apostila para estudo do livro.
6. De preferência, ser membro de um grupo familiar ou grupo de discipulado de líderes, tendo assim uma boa formação em relacionamentos saudáveis, caráter cristão, liderança de grupos pequenos e nas disciplinas básicas de um discípulo.

Você pode achar que as exigências são muito altas. São mesmo! Mas pense no que poderia acontecer se alguém procurasse entregar-se a esse ministério sem qualquer um desses requisitos. A maioria dos novos ministérios de restauração fracassa. A maioria dos trabalhos não ultrapassa o nível superficial. Uma pessoa que não está capacitada e não é supervisionada facilmente poderá estragar a vida de muitas outras e até traumatizar as pessoas contra a restauração! Para ter uma equipe de restauração que seja duradoura e eficaz, precisamos de critérios exigentes.

Nossa oração é que Deus use este livro para dar início a um novo capítulo em sua igreja. Que Deus use sua igreja para escrever um novo capítulo na história de seu bairro e cidade, estendendo a cura divina aos necessitados fora das paredes do templo. Vamos ganhar nossa cidade para Cristo?! Quando formos uma igreja saudável e atraente, como a igreja primitiva de Atos 2.42-47, experimentaremos junto com ela a realidade de ter *"a simpatia de todo o povo. E o Senhor lhes acrescentava todos os dias os que iam sendo salvos"* (At 2.47). Aleluia!

David Kornfield
Abril de 2021

COMO USAR ESTE MANUAL
DICAS PARA O LÍDER DO TREINAMENTO

Cada capítulo é a base para uma sessão e tem partes que devem ser estudadas pelos participantes antes da respectiva sessão. Cada capítulo tem quatro partes:

1. *Autoavaliação*: para entender o quanto você precisa trabalhar essa área de sua vida. Essa autoavaliação deve ser preenchida como parte da tarefa preparatória para o encontro seguinte.

2. *Conteúdo*: você precisa ler essa parte do capítulo como parte da tarefa preparatória para o encontro seguinte. No encontro, o líder do curso conduzirá o grupo a uma análise e à discussão do capítulo que foi lido.

3. *Perguntas para reflexão e discussão*: Nesse ponto, os participantes são divididos em grupos de quatro ou cinco pessoas. Conclui-se a sessão com um tempo de oração nesses grupos pequenos.

4. *Tarefas, ou perguntas de aplicação, e estudo do próximo capítulo entre um encontro e outro.* Lembre que *estudar* é diferente de ler. Quando estuda, você grifa, sublinha e escreve comentários ou perguntas nas margens. Venha preparado para compartilhar pelo menos um ponto destacado da leitura e com uma pergunta sobre o capítulo.

O líder não deve usar este manual para treinar outros, até que tenha se familiarizado totalmente com ele. Conhecendo o livro todo permitirá deixar algumas perguntas que surgirem para serem respondidas em futuros encontros.

Os dez capítulos aqui apresentados podem ser a base de um treinamento de dez semanas ou incluir os três últimos capítulos que estão no *site* do Ministério Rever, para que a equipe de restauração possa estar mais capacitada para ministrar o curso em sua igreja. Se assim o fizer, poderá ter de dez a catorze semanas na formação da equipe. Nesse primeiro encontro, deve-se distribuir uma cópia deste livro a cada participante. É bom que o casal tenha duas cópias do livro, para facilitar a participação de cada cônjuge e as leituras durante a semana, além de permitir que preencham individualmente os exercícios do livro.

Veja as dicas na última parte deste livro sobre como liderar o primeiro encontro (seguido pelas dicas de como liderar os demais encontros).

O ideal é que os encontros de treinamento sejam de duas horas cada. Sugiro o seguinte formato para um encontro:

1. **Oração inicial e louvor ou estudo da passagem bíblica indicada no começo do capítulo.** Eles não devem ser muitos e funcionarão melhor se estiverem em transparências. A repetição com alguma frequência facilita a aprendizagem pelas novas pessoas (*15 minutos*).

2. **Ensino e discussão com base na tarefa e na leitura.** Dicas para coordenador encontram-se na última parte deste livro (p. 189-198). No final de vários capítulos você encontrará uma lista de livros recomendados, ligados ao tema do capítulo (*35 minutos*).

3. **Um período para escrever uma conversa entre Deus e você.** Expresse o que você está *sentindo*, não fatos ou informações. Deus conhece todos os fatos; ele quer ouvir seu coração. E quer que você ouça o coração dele também. Por isso, às vezes, use esses períodos para escrever o que você acha que Deus pode estar dizendo a você. Por exemplo: "David, eu amo você! Não tem sido fácil você ouvir isso, mas na verdade é a coisa mais importante que tenho para dizer-lhe. Nesta sessão, David, eu estou procurando ajudá-lo a entender que..." Isso requer usar uma imaginação santificada, procurando ouvir a voz e o coração de Deus para com você (*10 minutos*).

4. **Discussão em grupos pequenos** de aproximadamente quatro ou cinco pessoas. É melhor que sejam os mesmos grupos a cada semana, permitindo, assim, que os membros cresçam em confiança e no nível que compartilham. Dessa forma, o grupo pode apoiar um ao outro (mesmo que os grupos de apoio *formais* só comecem na segunda fase). Cada grupo deve ter um facilitador. Se houver uma equipe de restauração, os membros dessa equipe podem liderar diferentes grupos pequenos (*35 minutos*).

5. **Oração.** A chave da restauração da alma e das transformações dentro de nós está em ficarmos na presença de Deus, ouvindo o que Ele tem a nos dizer e sentindo sua glória. Separe sempre no mínimo 20 minutos para isso, porque é fundamental para todo o processo de restauração. Segundo a necessidade, a oração pode ser feita com a imposição de mãos sobre uma única pessoa; outras vezes, pode-se orar em rodízio uns pelos outros. Não usem muito tempo para compartilhar pedidos de oração. Usem-no para orar, com base no que foi compartilhado e ensinado nesse encontro e nos encontros anteriores (*25 minutos*).

É opcional ter um lanche no final. Se o grupo quiser fazer isso, pode delegar alguém para organizar as pessoas, a fim de que duas ou três levem alguma coisa a cada semana.

Passemos, agora, à tarefa para a próxima sessão.

TAREFA PARA O PRÓXIMO ENCONTRO

1. Faça a autoavaliação no começo do próximo capítulo (p. 19-23) e leia a seção "Para estudar" (p. 23-30), sublinhando os pontos importantes e fazendo anotações nas margens, tais como pontos de interrogação se você não entende ou não concorda com algo, um rosto com sorriso se gosta de algo ou as letras "NB" se é um ponto que deve Notar Bem. (*Instrutor: sempre dê uma olhada na autoavaliação com o grupo, para garantir que todos entenderam.*)
2. Converse com pelo menos uma pessoa sobre a definição de *restauração da alma*.

O coordenador do treinamento deve, agora, dividir os participantes em grupos de quatro ou cinco. Se houver líderes preparados, peça-lhes que se coloquem de pé. Peça que quatro pessoas (ou no máximo cinco) procurem cada líder. Se não houver líderes para indicar, peça às pessoas que formem grupos de quatro a seis pessoas. Normalmente, cônjuges, como também pais, e filhos, namorados e noivos, não devem estar no mesmo grupo para permitir maior liberdade de se abrirem. Se não houver líderes designados, cada grupo deve designar um líder para esse encontro.

Esses grupos são provisórios. Com o passar do tempo, grupos fixos provavelmente surgirão.

PERGUNTAS PARA REFLEXÃO E DISCUSSÃO EM GRUPOS DE QUATRO OU CINCO PESSOAS

1. Anote aqui as expectativas que você tem a respeito deste curso. O que você espera ganhar durante os próximos três a quatro meses? Depois de dois minutos, compartilhem com base no que escreveram.

_____

_____

_____

_____

_____

_____

_____

2. Concluam orando uns pelos outros com base no que compartilharam (*15 minutos*).

1 O QUE É RESTAURAÇÃO DA ALMA?

Se o meu povo, que se chama pelo meu nome, se humilhar, e orar, e me buscar, e se converter dos seus maus caminhos, então, eu ouvirei dos céus, perdoarei os seus pecados e sararei a sua terra.

2Crônicas 7.14, RA

AUTOAVALIAÇÃO DA SUA SAÚDE EMOCIONAL

Começamos cada capítulo com um exercício de autoavaliação. O primeiro exercício tem a ver com sua percepção de sua saúde emocional. Procure ser o mais honesto possível, do contrário, será perda de tempo.

Abaixo, você encontrará 33 itens indicativos de saúde emocional. Ao lado dos itens há quatro colunas. Nos itens positivos, a tabela dá um ponto para "Quase nunca" e um ponto adicional para cada coluna seguinte. Nos itens negativos, os pontos são concedidos inversamente.

Como toda autoavaliação, suas notas são subjetivas. Se quiser uma segunda opinião, pode pedir a seu cônjuge ou a um amigo que o avalie. Agora, passe a preencher a autoavaliação.

Autoavaliação Geral de Saúde Emocional

	Quase nunca	Algumas vezes	Boa parte do tempo	A maior parte do tempo
1. Tenho emoções saudáveis.	1	2	3	4
2. Consigo expressar minhas emoções livremente.	1	2	3	4
3. Irrito-me facilmente.	4	3	2	1
4. Quando fico com raiva, consigo controlar e expressar minha ira de forma saudável.	1	2	3	4

	Quase nunca	Algumas vezes	Boa parte do tempo	A maior parte do tempo
5. Expresso meus sentimentos sem atacar ou machucar alguém.	1	2	3	4
6. Fico perturbado por dúvidas, insegurança, medo ou ansiedade.	4	3	2	1
7. Sou controlado pela opinião ou desejos de outros. É difícil dizer "não" a outros sem sentir-me mal.	4	3	2	1
8. Vivo segundo prioridades divinas e não sob a tirania do urgente.	1	2	3	4
9. Sou criativo, inovador.	1	2	3	4
10. Sou uma pessoa corajosa, disposta a novas aventuras.	1	2	3	4
11. Tenho domínio próprio.	1	2	3	4
12. Eu cuido de meu corpo (durmo bem, como bem sem engordar, exercito-me bem, mantendo a forma, e raramente fico doente).	1	2	3	4
13. Controlo minha língua.	1	2	3	4
14. Meus pensamentos e palavras são positivos, trazem glória a Deus.	1	2	3	4
15. Tenho uma boa autoimagem, não me comparo aos outros nem me sinto inferior ou superior a eles.	1	2	3	4
16. Eu me aceito como sou e gosto de mim mesmo.	1	2	3	4

O que é restauração da alma? **21**

	Quase nunca	Algumas vezes	Boa parte do tempo	A maior parte do tempo
17. Vejo a mão de Deus nos relacionamentos e circunstâncias ao meu redor.	1	2	3	4
18. Sou uma bênção.	1	2	3	4
19. Estou sobrecarregado ou estressado.	4	3	2	1
20. Sei como descansar bem, tendo um dia de descanso semanal. Descanso bem nas férias.	1	2	3	4
21. Sinto-me culpado quando descanso.	4	3	2	1
22. Eu me relaciono bem com outros, resolvo os conflitos.	1	2	3	4
23. Estou escravizado pela culpa.	4	3	2	1
24. Entendo bem como distinguir entre culpa falsa e culpa verdadeira e resolvo as duas com facilidade.	1	2	3	4
25. Tenho dívidas financeiras, ou sou controlado por outras coisas (álcool, drogas, comida, trabalho, ministério, pensamentos impuros ou lascivos, televisão etc.):	4	3	2	1
26. Eu perdoo as ofensas de outros e peço perdão pelas minhas ofensas.	1	2	3	4

	Quase nunca	Algumas vezes	Boa parte do tempo	A maior parte do tempo
27. Fico ressentido ou guardo amargura ou rancor.	4	3	2	1
28. Quando erro, eu me arrependo, peço perdão e faço restituição.	1	2	3	4
29. Fui criado num lar amoroso e saudável, com muito diálogo.	1	2	3	4
30. Meu pai expressava seu amor e respeito por mim, verbalmente e de formas não verbais.	1	2	3	4
31. Da mesma forma, minha mãe comunicou seu amor por mim.	1	2	3	4
32. Quando criança, eu sabia que meus pais se amavam e que eu era amado.	1	2	3	4
33. Meus pais me disciplinaram de forma saudável.	1	2	3	4

Anote suas notas na margem direita e some-as. As notas devem ser interpretadas desta forma:

124-132: Você é supersaudável (ou está se enganando!). A avaliação de alguém que o conhece bem (e que não tem medo do que você pensa dele) pode esclarecer se você está se enganando.

110-123: Você é saudável, mas tem áreas que podem ser melhoradas.

91-109: Você tem alguns problemas que devem ser avaliados com mais cuidado e tratados.

71-90: Você está sendo seriamente debilitado por sua inabilidade de expressar suas emoções de forma saudável. Precisa de ajuda.

33-70: Você está praticamente paralisado emocionalmente e precisa de aconselhamento e ajuda espiritual urgente e profunda.

Cada área na qual você tem um ou dois é um sinal de dificuldades emocionais. Já que a maioria dos itens acima se relaciona com os temas dos capítulos quatro a dez deste livro, você pode prestar uma atenção especial nos encontros que tratam de itens nos quais você tem dificuldades. Notas negativas são muito positivas num sentido: você está honestamente reconhecendo que tem problemas e precisa ir atrás de um processo mais profundo de restauração.

PARA ESTUDAR

Estes primeiros capítulos começam com uma visão panorâmica da restauração e respondem três perguntas, a primeira neste encontro e as outras duas nos encontros seguintes.

1. O que é restauração da alma? Explicaremos seis conceitos falsos da restauração e depois trabalharemos numa definição que esclarece o que ela é.
2. Por que a restauração é tão importante (cap. 2 e 3)?

Enquanto você lê, lembre-se de sublinhar pontos importantes e colocar anotações na margem.

O QUE É RESTAURAÇÃO DA ALMA?

1. Procure definir restauração da alma em suas próprias palavras. Restauração é:

_____

_____

_____

_____

_____

2. Quando estiver reunido com os outros, três ou quatro pessoas devem compartilhar suas definições. Enquanto fazem isso, faça uma breve lista, no espaço a seguir, dos elementos-chave de uma definição de restauração:

_____

_____

_____

_____

_____

3. Antes de passar para a definição que usaremos neste curso, vamos repassar algumas coisas que a restauração _não é_. Anote uma ideia errada que algumas pessoas têm quanto à cura emocional. Depois, acrescente algumas das ideias que os outros compartilharem.

_____

_____

_____

_____

4. Abaixo, segue um perfil do que a restauração não é, resumindo muitos dos conceitos errados quanto à cura emocional.

A. A restauração <u>não é</u> algo recebido automaticamente quando recebemos a Jesus como nosso *Salvador* e *Senhor*. Nosso corpo não é transformado quando somos salvos. Nosso Q.I. não dá um pulo. Igualmente, nossos problemas emocionais, nossas feridas e nossos traumas do passado não somem simplesmente.

B. A restauração <u>não é</u> algo recebido automaticamente quando somos *batizados ou ungidos* pelo Espírito Santo. O Espírito Santo nos dá mais poder, sentimos o renovo em nosso espírito, mas ainda precisamos de um processo de restauração que atinja nossas feridas.

C. A restauração <u>não vem</u> por meio de reconhecer nossa *necessidade* dela. Isso é o primeiro passo, sem dúvida. Mas da mesma forma que reconhecer que temos câncer não resolve nosso problema, simplesmente reconhecer que temos traumas emocionais não é suficiente.

D. A restauração <u>não é</u> algo que recebemos quando alguém faz uma *oração especial* por nós, ainda que essa pessoa tenha dons especiais. A oração de outros normalmente é indispensável na cura, mas ela também requer a nossa participação.

E. A restauração normalmente <u>não vem</u> em *um* ou *dois* encontros, se a pessoa estiver seriamente ferida ou traumatizada. Requer um processo de alguns meses ou anos, dependendo do trauma da pessoa. Às vezes, vem em diferentes etapas, segundo o que estamos prontos a suportar. Jesus é muito sensível às nossas limitações. É como alguém que vai passar por uma cirurgia e precisa de um certo nível de saúde para sobreviver. Assim, a pessoa traumatizada muitas vezes nem reconhece o nível de sua doença emocional, até Deus saber que tem suficiente força para aguentar a cirurgia emocional. Depois de três anos com os discípulos, Jesus falou *"Tenho ainda muito que lhes dizer, mas vocês não o podem suportar agora"* (Jo 16.12).

F. A restauração tipicamente <u>não é</u> algo ministrado por um *psicólogo*, ainda que passemos por meses de aconselhamento. O psicólogo ou psiquiatra pode ajudar-nos a entender verdades importantes para nossa vida, mas, com algumas exceções, é mais um facilitador do que um conselheiro que entra ativamente na alma da pessoa e acompanha, de dentro para fora, a dor e o mover curador do Espírito.

Ao mesmo tempo, quero esclarecer que os que ministram na área de restauração devem fazer todo o possível para ter o apoio de um psicólogo ou psiquiatra que conheça as dinâmicas do Espírito. Nós precisamos saber quando os problemas que estamos enfrentando vão além de nossa sabedoria e capacidade. Devemos ter alguém a quem possamos consultar e também indicar pessoas com problemas com os quais não estamos habilitados a trabalhar.

5. O que, então, é restauração?! Deixe-me propor uma definição.

> **Restauração é a santificação**
> **da alma ferida por meio de:**
> 1. Reconhecer nossas feridas, defesas e responsabilidades.
> 2. Experimentar Jesus levando sobre si nossas feridas.
> 3. Receber o perdão e a libertação de Deus.
> 4. Poder transmitir o mesmo para os que nos machucaram e abusaram de nós.

6. Essa definição levanta algumas perguntas ou leva você a fazer algumas observações? Anote-as aqui.

O que é restauração da alma? **27**

7. Examinemos brevemente cada frase da definição. A restauração é **a santificação que...**

... transforma a maneira como enxergamos nosso passado.

... nos permite entender os propósitos de Deus.

... nos libera para curtir os relacionamentos que ele sempre quis para nós.

... abre a porta ao amor e alegria <u>pelos</u> quais fomos criados ... e <u>para</u> os quais fomos criados!

... nos leva a recuperar a imagem de Deus em nós.

... nos leva a celebrar a glória de Deus. Cristo em nós... a esperança da glória!

Restauração! Santificação! Palavras sinônimas. Quanto está embutido nisso! Glória a Deus! Ele nos tem restaurado. E nos está restaurando. E nos restaurará completamente quando o virmos face a face!

8. A restauração da **alma ferida...**

... pelos que demandaram e sugaram, quando deviam nutrir e suprir.

... pelos que nos acusaram e nos abandonaram, quando esperávamos encorajamento e lealdade.

... pelos que nos atacaram e abusaram, quando Deus os colocou para nos proteger e defender.

... pelos que controlaram e manipularam, quando o chamado deles era amar e servir.

... pelos que nos afastaram de Deus, deixando-nos duvidando dele, quando deveriam ser espelho e representantes dele.

Feridas profundas que só Deus pode curar, almas que só ele pode *restaurar.*

9. A restauração da alma ferida é a santificação por meio de:
   1) **Reconhecer nossas feridas, defesas e responsabilidades.**

   Reconhecer nossas *feridas...* admitindo que essas coisas terríveis aconteceram e aceitando a imensa dor que causaram.

   Reconhecer nossas *defesas...* entendendo as barreiras ao amor e graça que construímos através dos anos, os muros atrás dos quais nos escondemos.

   Reconhecer nossas *responsabilidades...* confessando nossa ira; nosso medo, nossa inabilidade de perdoar, nossas acusações

28 Introdução à restauração da alma

(conscientes ou inconscientes) de que Deus nos abandonou em nossos momentos de necessidade.

10. A restauração da nossa alma ferida é a santificação por meio de:
1) Reconhecer nossas feridas, defesas e responsabilidades.
2) Experimentar Jesus levando sobre si essas feridas.

Sublinhe as frases nesta leitura de Isaías 53.2b-5, que mostram
que Jesus participou dos momentos mais terríveis pelos quais você
tem passado.

> *"²Ele (Jesus) não era bonito nem simpático,*
> *nem tinha nenhuma beleza que chamasse a nossa atenção*
> *ou que nos agradasse.*
> *³Ele foi rejeitado e desprezado por todos;*
> *ele suportou dores e sofrimentos sem fim.*
> *Era como alguém que não queremos ver;*
> *nós nem mesmo olhávamos para ele e o desprezávamos.*
> *No entanto era o nosso sofrimento*
> *que ele estava carregando,*
> *era a nossa dor que ele estava suportando.*
> *E nós pensávamos que era por causa*
> *das suas próprias culpas*
> *que Deus o estava castigando,*
> *que Deus o estava maltratando e ferindo.*
> *Porém ele estava sofrendo por causa dos nossos pecados,*
> *estava sendo castigado por causa das nossas maldades.*
> *Nós somos curados pelo castigo que ele sofreu,*
> *somos sarados pelos ferimentos que ele recebeu".*
>
> (Isaías 53.2b-5, BLH)

A restauração é... experimentar Jesus levando sobre si essas feridas.
... estando conosco nesse momento de trauma.
... sentindo nossa dor conosco.
... assumindo essas feridas.
... nos protegendo no meio do ataque.
... perdoando os violentos, os opressores e os abusadores.
... como o Justo e a quem pertence a vingança.

11. A restauração da alma ferida é a santificação por meio de:
1) Reconhecer nossas feridas, defesas e responsabilidades.

2) Experimentar Jesus levando sobre si essas feridas.
3) Receber o perdão e a libertação de Deus.
Recebendo...
... *perdão* por deixar-nos afastar de Deus, de outros e de nós mesmos.
... *perdão* por não acreditar no amor e na graça de Deus em relação a essa(s) pessoa(s).
... *libertação* de nossas emoções angustiantes.
... *libertação* de barreiras e fraquezas que não conseguimos superar.
... *libertação* para renovar uma intimidade com Deus e com outros que havíamos perdido.

12. A restauração da alma ferida é a santificação por meio de:
    1) Reconhecer nossas feridas, defesas e responsabilidades.
    2) Experimentar Jesus levando sobre si essas feridas.
    3) Receber o perdão e a libertação de Deus.
    4) Poder transmitir o mesmo para os que nos machucaram e abusaram de nós...

    ... como na oração de Francisco de Assis:

    "Senhor, faça-me um instrumento de tua paz.
    Onde houver ódio, permiti-me semear amor;
    Onde houver ferida, perdão;
    Onde houver dúvida, fé;
    Onde houver desespero, esperança;
    Onde houver escuridão, luz;
    E onde houver tristeza, alegria.
    Senhor, permita que eu possa procurar mais
    Consolar do que serconsolado,
    Entender do que ser entendido,
    Amar do que ser amado,
    Porque é no dar que recebemos,
    No perdoar que somos perdoados,
    E no morrer que acordamos para a vida eterna."

13. Veja se você e um companheiro conseguem preencher os espaços vagos na definição da restauração da alma a seguir.
    A restauração da _____ é a _____ por meio de:
    1) Reconhecer nossas _____, _____ e responsabilidades.

2) Experimentar _____ levando sobre si essas feridas.
3) Receber o _____ e a libertação de Deus.
4) Poder _____ o mesmo para os que nos machucaram e abusaram de nós.

Passemos, agora, à tarefa para a próxima sessão.

_____

TAREFA PARA O PRÓXIMO ENCONTRO

1. Faça a autoavaliação no começo do próximo capítulo e leia a seção "Para estudar", sublinhando os pontos importantes e fazendo anotações nas margens, tais como pontos de interrogação se você não entende ou não concorda com algo, um rosto com sorriso se gosta de algo ou as letras "NB" se é um ponto que deve Notar Bem. *(Instrutor: sempre dê uma olhada na autoavaliação com o grupo, para garantir que todos entenderam.)*
2. Procure memorizar a definição simplificada de restauração:

"A santificação da alma ferida por meio de:
1) Reconhecer feridas;
2) Experimentar Jesus;
3) Receber perdão; e
4) Transmitir o mesmo"

Depois de repassar a tarefa, o coordenador do treinamento deve dividir os participantes em grupos de quatro ou cinco, como na semana passada.

PERGUNTAS PARA REFLEXÃO E DISCUSSÃO NOS GRUPOS PEQUENOS DE QUATRO A CINCO PESSOAS

1. Em todos os encontros, antes de discutir no grupo pequeno sobre o que estamos aprendendo, cada um terá dez minutos para fazer uma oração a Deus. Escreva a Deus o que você está sentindo ou use sua imaginação santificada para escrever o que você sente que Deus pode estar falando a você agora.

___
___
___
___
___
___
___
___
___
___
___
___
___
___

32 Introdução à restauração da alma

2. Compartilhe com o seu grupo uma das coisas que mais o impressionou neste estudo. Se você escreveu sobre isso acima, fique à vontade para ler sua oração a seus companheiros.
3. *Itens opcionais, se houver tempo.* (Lembre-se de que precisam separar os últimos 20-25 minutos para orar juntos.) Compartilhe com o grupo duas ou três das áreas de sua autoavaliação que mais o preocupam, explicando sua preocupação. Fique à vontade para fazer algumas perguntas aos outros quando estiverem compartilhando.
4. Terminem a sessão orando juntos. Se o Espírito indicar alguém que precise de um tempo especial de oração, fique à vontade para fazê-lo. Se Deus falou com você no período de oração, seria bom anotar o que você ouviu, no final.

BIBLIOGRAFIA COMENTADA

Ao final de muitos dos capítulos, comento alguns livros relacionados a esse tema que são especialmente bons. Aqui, indico alguns livros gerais sobre a área de restauração da alma.

COLLINS, Gary R. *Aconselhamento cristão.* São Paulo: Vida Nova, 1980/1984. 389 páginas. **Esse é o melhor livro que conheço para pastores e equipes de restauração quanto a como tratar de problemas difíceis no aconselhamento.** Como uma enciclopédia, seus trinta capítulos tratam cada tema de interesse no aconselhamento cristão, colocando cada tema dentro do contexto da igreja local.

_____. *Ajudando uns aos outros pelo aconselhamento.* São Paulo: Vida Nova, 1982/1990. 190 páginas. Um excelente guia para o leigo entender como encorajar e aconselhar seus companheiros no dia a dia. Excelente para membros de uma equipe de restauração e líderes facilitadores de grupos de apoio.

DAMASCENO, Fábio. *A oficina de cura interior.* São Paulo: Jocum, 1996. 224 páginas. De fácil leitura, trata com bastante graça assuntos difíceis como maldição de geração e a sua quebra. Como psiquiatra brasileiro e pastor, tem uma perspectiva bíblica profunda e prática quanto à restauração.

HOFF, Paul. *O pastor como conselheiro.* São Paulo: Vida, 1981/1996. 288 páginas. Abrangente como o primeiro livro supracitado do Collins, sendo de leitura mais fácil e mais direcionado aos que têm uma função pastoral na Igreja.

HURDING, Roger F. *A árvore de cura: modelos de aconselhamento e de psicoterapia.* São Paulo: Vida Nova, 1985/1995. 487 páginas. Trata sobre o desenvolvimento das psicologias seculares (nove capítulos) e sobre a reação e a resposta cristãs (sete capítulos). Dedica os últimos três capítulos à jornada interior, à cura do passado e ao Maravilhoso Conselheiro. Recomendo muito o capítulo sobre a cura do passado para os que querem entender as raízes históricas da restauração.

MCCLUNG, Floyd. *O imensurável amor de Deus: a compaixão divina em face do sofrimento humano.* São Paulo:Vida, 1985/1990. 95 páginas. **Expõe o amor paterno de Deus,** que traz um poder curador que nos capacita a vencer a insegurança e a superar as dolorosas experiências da vida. Dá sete passos práticos para obter a cura.

SEAMANDS, David A. *A cura das memórias.* São Paulo: Mundo Cristão, 1985/1987. 122 páginas. Esse livro dá sequência ao primeiro de Seamands recomendado abaixo, aprofundando o tema e dando técnicas práticas para receber e ministrar a restauração.

_____. *Cura para os traumas emocionais.* Belo Horizonte: Betânia, 1981/1984. 171 páginas. Seamands é o "pai" de muitos trabalhos evangélicos na área de restauração. **Esse livro é um dos que mais recomendo para pessoas que querem entender como superar traumas emocionais ou ajudar outros nessa área.** Trata de problemas como culpa, graça e cobrança de débitos, autoimagem negativa, perfeccionismo, autenticidade e depressão. Meu livro *Crescendo no caráter cristão* (p. 46-49) dá dicas de como estudar esse livro num grupo pequeno, como também o de McClung indicado acima (p. 55-59).

SILVA, Carlos Alberto Ferreira. *Psicoterapia cristã: cura de Deus para as enfermidades interiores.* Rio de Janeiro: A Raiz, 1995. 90 páginas. Combinando psicologia e fé cristã, esse livro ajuda as pessoas a identificar suas próprias enfermidades interiores e caminhar na direção do tratamento e da cura. **O trabalho dele é bem coerente com o nosso.**

As palavras-chave para preencher os espaços vagos no item treze são as seguintes: alma ferida, santificação, feridas, defesas, Jesus, perdão, transmitir.

2 POR QUE A RESTAURAÇÃO DA ALMA É TÃO IMPORTANTE?

> *Eis o meu servo, a quem escolhi, o meu amado, em quem tenho prazer. Porei sobre ele o meu Espírito, e ele anunciará justiça às nações. Não discutirá nem gritará; ninguém ouvirá sua voz nas ruas. Não quebrará o caniço rachado, não apagará o pavio fumegante, até que leve à vitória a justiça. Em seu nome as nações porão sua esperança.*
> Mateus 12.18-21, citando Isaías 42.1-4

AUTOAVALIAÇÃO DE EXPERIÊNCIAS DE TRAUMA EMOCIONAL

Começamos cada capítulo com um exercício de autoavaliação. Esse segundo exercício tem a ver com suas experiências de traumas emocionais. Na lista abaixo, coloque um sinal na frente de cada item que se aplica a você, indicando o total no final.

_____ 1. Ser alcoólatra[1] ou viciado, ter pai ou mãe alcoólatra ou viciado, ou ter outro membro na família com esse problema.

_____ 2. Ter crescido numa família disfuncional[2], não tendo pai e mãe amorosos que refletiam juntos os propósitos de Deus para a família.

_____ 3. Ser membro de uma família disfuncional hoje.

_____ 4. Haver sofrido ou praticado abuso sexual: incesto, estupro, homossexualismo etc.

---

[1] O termo técnico correto para a pessoa dependente da bebida é alcoolista, mas usaremos o termo popular, "alcoólatra" (adorador da bebida).

[2] Esta palavra, disfuncional, não existe em português, mas a utilizamos aqui para indicar uma família ou indivíduo desestruturado a tal ponto que não funciona de forma saudável. Acaba machucando a outros, e seu comportamento não permite que sejam pessoas saudáveis.

_____ 5. Haver sofrido uma rejeição profunda: divórcio, exclusão da igreja, rejeição pelos pais, ser portador de HIV, ficar repetidas vezes desempregado, ser assaltado repetidas vezes – especialmente em sua casa etc.
_____ 6. Haver sofrido mágoas ou ter relações significativas que foram quebradas.
_____ 7. Não conseguir relacionar-se bem com os que estão em posição de autoridade sobre você ou não conseguir exercer autoridade como servo.
_____ 8. Ter praticado relações sexuais fora do casamento.
_____ 9. Ter provocado aborto, ou considerado ou tentado se suicidar.
_____ 10. Ter cometido atos criminosos ou violentos.
_____ 11. Ter se envolvido com espiritismo (macumba, esoterismo, meditação transcendental, kardecismo) ou falsas religiões (maçonaria e sociedades secretas, Nova Era, misticismo etc.).

Pode ser que, para você, as experiências acima sejam bem estranhas. Se esse for o seu caso, louvado seja Deus! Porém, para muitas pessoas são experiências vívidas e amargas. Lembro-me de uma esposa de pastor que depois de ver a lista comentou que havia experimentado todas.

A seguir, explicamos esses onze itens com alguns detalhes. Se você tiver uma nota baixa, pode agradecer a Deus. Se tiver uma nota alta, também pode agradecer a Deus, porque ele costuma transformar sofrimento em bênção, crucificações em ressurreições. Também pode agradecer a Deus porque tal nota indica que você está no lugar certo, fazendo este curso.

Com base nisso, passemos agora ao nosso estudo.

PARA ESTUDAR

A pergunta principal desta sessão é "Por que a restauração é tão importante?" Responda essa pergunta, anotando *pelo menos* duas respostas. No encontro seguinte, você pode acrescentar as respostas de outros.

_____

_____

_____

_____

_____

Existem duas razões principais por que a restauração da alma é tão importante: 1) É uma grande e gritante necessidade atual, que está crescendo a cada ano; 2) É fundamental para cumprir a missão de Jesus Cristo neste mundo. Trataremos da primeira razão neste capítulo e da segunda no seguinte.

Enquanto você lê, lembre-se de sublinhar pontos importantes e colocar anotações na margem. Especialmente, coloque a palavra "Eu?" com um ponto de interrogação onde você vê algo que possa estar relacionado a você.

_____

A RESTAURAÇÃO DA ALMA É UMA GRITANTE NECESSIDADE ATUAL

A necessidade da restauração da alma está refletida na autoavaliação acima (e possivelmente na sua autoavaliação da semana anterior). Vejamos rapidamente algumas informações quanto aos onze itens dessa autoavaliação.

38   Introdução à restauração da alma

1. Muitas pessoas são alcoólatras ou viciadas, têm pai ou mãe alcoólatra ou viciado ou mesmo algum outro membro próximo, na família. Lembro-me do dia em que minha esposa, Débora, perguntou para uma classe da Escola Dominical em uma determinada igreja quantos tinham um membro da família (pai, mãe, marido etc.) que era alcoólatra. Das dezoito senhoras presentes, dezesseis levantaram a mão.

Alcoólatras têm uma certa síndrome, um certo conjunto de comportamentos e atitudes com os quais se relacionam com os outros. Nas últimas duas décadas, tem sido bem documentado que os filhos de alcoólatras têm grande tendência de assumir essa síndrome, ainda que não tomem álcool (o que é conhecido por "alcoolismo a seco"). Minha sogra é um exemplo disso. Ela foi criada numa família em que seu pai era alcoólatra e abusava da mãe e das crianças terrivelmente. Ela se converteu depois de se casar e foi para a Guatemala com o marido para trabalhar como missionária, traduzindo a Bíblia para uma tribo nativa. Sua vida como missionária por mais de quarenta anos e de casada por mais de cinquenta tem sido uma grande demonstração do que Deus pode fazer com uma pessoa que o diabo procurou destruir.

Ao mesmo tempo, ela herdou a *síndrome de uma filha adulta de alcoólatras.* Isso quer dizer que ela se relacionava com outros, especialmente os de sua família, como ela viu seu pai se relacionar. Inconscientemente, ela agia como alcoólatra, sem nunca ter tomado álcool. Seus oito filhos foram criados num lar com "herança alcoólatra", que era também fonte de abusos emocionais. Sendo missionária e tendo uma família grande, sua família sempre foi louvada como exemplar, especialmente quando visitavam igrejas nos Estados Unidos. Todos os filhos se formaram na faculdade e a grande maioria tem títulos de mestrado ou doutorado. Todas as seis filhas se casaram com pastores e missionários e os dois filhos se casaram com filhas de missionários. Louvado seja Deus!

Todavia, os traumas dentro da família foram profundos. Com uma ou duas exceções, todos os seus filhos passaram ou ainda estão passando por grandes crises. Eu comecei a namorar minha esposa quanto ela estava à beira do suicídio. Sem saber, fui usado por Deus para trazer restauração a ela. Sugeri que, para nos conhecermos, contássemos nossa história um para o outro, considerando um período de cinco anos de cada vez. Eu contei os meus primeiros cinco anos na Bolívia em vinte minutos. Ela começou a contar seus primeiros cinco anos e demorou horas, com muitas lágrimas e dor. Meus cinco anos seguintes levaram mais trinta minutos. Seus cinco anos seguintes levaram outras horas e horas, com mais choro e desabafo. E assim sucessivamente. Desde então, Débora já passou por três outras crises, a ponto de precisar de aconselhamento ou restauração, duas delas em relação a sua mãe e uma em relação a seu pai. Esta última precisou de um ano de encontros semanais com uma equipe de duas mulheres com o ministério de restauração. A bênção é que Deus tem usado isso para chamá-la e prepará-la para o ministério de aconselhamento e restauração.

Outros irmãos de Débora têm histórias angustiantes, que incluem divórcio, depressão, afastamento de Deus, recusa a toda comunicação ou relacionamento com os pais por vários anos, abuso violento da esposa com uma raiva incontrolável e lutas contra o suicídio. Compartilho essa experiência para ajudar você, querido leitor, a entender o terrível dilema de ser filho de Deus, comprometido com Ele e consagrado ao ministério, mas escravizado emocionalmente pela síndrome do alcoolismo, mesmo sem a presença do álcool!

Alguns livros ou recursos que podem ajudá-lo a lidar com pessoas alcoólatras ou viciadas, como os Alcoólatras Anônimos. Você pode encontrar o telefone deles no guia telefônico de quase toda grande cidade.

ANDERSON, Spickard; THOMPSON, Barbara R. *Dando a vida por um drinque: o que você precisa saber sobre o alcoolismo.* São Paulo: Vida, 1985/1992. 201 páginas. (esgotado)

BARCELOS, Carlos. *Criando sua liberdade: vida sem codependência.* São Paulo: Gente, 1993. 105 páginas. (esgotado)

_____. *Livre-se do alcoolismo: guia de aconselhamento para recuperação do indivíduo e da família.* São Paulo: Sepal, 1992. 119 páginas.

CERLING JR., Charles. *Liberte-se dos maus hábitos.* São Paulo: Candeia, 1988/1988. 143 páginas. (esgotado)

DUNN, Jerry G. *Deus é a favor do alcoólatra.* São Paulo: Vida, 1967/1986. 223 páginas. (esgotado)

KORNFIELD, David. *Aprofundando restauração da alma.* São Paulo: Mundo Cristão, 2008. Os livros foram idealizados para serem usados com grupos de apoio, a fim de ajudar filhos adultos ou pessoas disfuncionais a passar pelos Doze Passos dos Alcoólatras Anônimos de uma forma integrada com a Bíblia, o Espírito Santo e dinâmicas de restauração.

2. Muitas pessoas crescem numa família disfuncional, sem pai ou mãe amorosos que reflitam juntos os propósitos de Deus para a família. A revista *Veja* (11/10/95) publicou um artigo chamado "Mamãe sabe tudo" (p. 62-69), sobre famílias chefiadas por mulheres solteiras. A porcentagem de famílias com mães solteiras subiu de 13% em 1970 para 20% em 1995, ou seja, uma em cada cinco famílias, não importando a classe social. Eu considero essas mães grandes heroínas. Sinto que a igreja deve fazer o possível para que cada uma delas possa ter o apoio de uma família que as adote e também a seus filhos, levando-os a passeios especiais, proporcionando uma influência masculina saudável, demonstrando, assim, afeto para com todos eles.

A maioria das famílias, graças a Deus, tem pai e mãe. Mas muitas dessas famílias também são disfuncionais ou doentias por várias razões.

A. Os pais não se amam ou não demonstram afeto para com suas crianças. Minha mãe foi criada sem nunca ouvir, uma <u>única</u> vez, as palavras "Eu te amo" de seus pais. Como resultado, ela resolveu que nem um dia em que estivesse com suas crianças passaria sem lhes dizer essas palavras. Eu passei dez anos internado numa escola para filhos de missionários e, depois, passei dois anos sem ver meus pais, quando fui para a faculdade nos Estados Unidos, aos dezessete anos, mas sabia que era muito amado. Minha mãe cumpriu com seu voto de demonstrar e verbalizar seu amor constantemente.

B. O pai está fora tanto tempo que os filhos quase não o conhecem. Muitos pais, quando chegam em casa, estão cansados demais para atender os filhos. Isso é demonstrado por pastores e obreiros que colocam o ministério como prioridade, acima da família. Lembro-me de uma mulher chorando em minha frente, dizendo "Se meu marido passar a ser obreiro da igreja, vou perdê-lo".

Ela estava certa, porque um ano e meio depois estavam planejando se separar. Quando Débora e eu sentamos com eles para mostrar na Bíblia que a família deve estar acima do ministério, meu amigo presbítero se surpreendeu. Nunca havia ouvido nada parecido! Ele arrependeu-se e comprometeu-se novamente com sua esposa. Isso não quer dizer que foi fácil demonstrar mudanças em sua vida.

Eu expliquei a ele como poderia ter uma **noite da família**, e ele concordou que queria ter tal noite semanalmente. Depois de uma semana, perguntei-lhe como tinha sido. "Não deu certo!", disse ele. Perguntei-lhe na semana seguinte. "Não deu certo." O mesmo se repetiu na terceira semana. Depois da quarta semana, ele respondeu com um sorriso radiante que conseguira celebrar uma noite da família. Com grande alegria, eu perguntei-lhe o que fizeram. "Reuni a família toda e fomos para um culto na igreja." Meu Deus! Muitas mudanças não vêm simplesmente por se ter boas intenções. As pessoas precisam de um ensino bíblico e de um discipulado para prestar contas quanto à demonstração de frutos de arrependimento!

C. A televisão domina a casa, bloqueando a boa comunicação e o desenvolvimento de relacionamentos saudáveis. É comum entrar na casa de alguém e ter de lutar para se fazer ouvido acima do som da televisão. Existem lares onde a televisão é o primeiro aparelho a ser ligado de manhã e o último a ser desligado à noite. Sem falar dos valores que a televisão transmite: materialismo, violência e impureza. Quero destacar que ainda que a programação seja excelente, quando a televisão domina, a casa torna-se disfuncional e doentia.

D. Pais dominadores e autoritários são comuns, especialmente nas igrejas mais radicais ou pentecostais, onde o pastor-modelo é autoritário. Tais pais são muito distantes de seus filhos emocionalmente e não os compreendem. Eles acusam os filhos de serem rebeldes, mas na verdade têm muitas dificuldades para dialogar com eles por causa dos altos padrões que se impõem e da inabilidade para expressar suas emoções de forma saudável.

3. Muitos, hoje, são membros de uma família disfuncional. O item anterior falou do passado. Este item repete o assunto no presente. Se a família for abusiva mesmo, é provável que os filhos não poderão encontrar restauração enquanto continuarem sendo feridos no dia a dia. Filhos que estão sofrendo abusos emocional ou fisicamente podem precisar de uma distância física e emocional de seus pais para abrir o coração ferido ao difícil processo de reconhecer sua dor e tratar dela. Infelizmente, muitos líderes na igreja fazem parte de famílias disfuncionais.

4. Muitos têm sofrido ou praticado abuso sexual: incesto, estupro, homossexualismo etc. Você sabe que o corpo entra em choque quando há um trauma grande. Nos primeiros minutos, nem se sente a dor do trauma. Deus nos formou de tal maneira que os nervos se fecham, recusando-se a transmitir uma agonia que ultrapassa sua capacidade.

A mesma coisa acontece, muitas vezes, quando uma criança é vítima de *abuso sexual.* Seu sistema de defesa psicológica bloqueia

Introdução à restauração da alma

totalmente sua memória. Às vezes, ela nem consegue, quando adulta, lembrar quase nada sobre alguém que esteve muito envolvido em sua vida, durante um certo período que pode ser de meses ou anos. Muito tempo depois, às vezes na faixa de 30 a 35 anos, essa pessoa começa a sentir emoções profundas e terríveis sem saber porquê. Muitas vezes, essas emoções são despertadas por ter relacionamentos que repetem a mesma estrutura emocional dos abusos sofridos no passado. Sente coisas como raiva, depressão, autodesprezo, medo e desejo de se suicidar. O choque do trauma está passando, e Deus está permitindo que a dor volte agora que a pessoa tem mais condições de aguentá-la e resolvê-la. A dor, normalmente, volta antes da lembrança da fonte da dor. É preciso muito cuidado por parte de pessoas treinadas em restauração e às vezes em psicologia, para superar essa fase. Sem essa ajuda, a pessoa pode tornar-se amarga e hostil, negativa e venenosa, se divorciar ou se suicidar. Ela tem uma tendência de expressar sua dor e raiva abusando dos outros. Alguns recursos na área de <u>abuso</u> são:

ALLENDER, Dan. *Lágrimas secretas*. São Paulo: Mundo Cristão, 1999. (esgotado)

KORNFIELD, Débora. *Vítima, sobrevivente, vencedor: perspectivas sobre abuso sexual*. São Paulo: Esperança, 2012. Este livro está sendo usado em várias igrejas com grupos de apoio especiais para vítimas e sobreviventes (GAVS).

LANGBERG, Diane. *Aconselhando vítimas de abuso sexual*. Curitiba: Esperança, 2002. Uma riqueza de orientação sobre como ajudar na restauração de vítimas de abuso.

LANGBERG, Diane, *No limiar da esperança*. Curitiba: Esperança, 2019. Este é um livro que reanima e satisfaz profundamente e que desvendará as particularidades do processo de cura.

McDOWELL, Josh. *Pode acontecer com você*. São Paulo: Candeia, 2000. Como prevenir-se ou recuperar-se de uma violência sexual no namoro.

VANSTONE, Doris; LUTZER, E. *Não tive onde chorar*. São Paulo: Vida, 1990/1995. Fala da dor e da cura do abuso sexual infantil.

ZWAHLEN, Isabel. *Abuso sexual, prevenção e cura*. São Paulo: Bompastor, 1996.

Homossexualismo às vezes é um dos frutos de abuso sexual na infância. Em alguns casos surge por meio de uma deficiência no relacionamento entre os pais, quando o esposo se ausenta por envolver-se com algo ou alguém no lugar da esposa. Esta, por não ter o esposo presente, se apega excessivamente a um filho ou uma filha. Esse desequilíbrio pode gerar dificuldades na identificação do papel sexual do filho quando adulto. Sem ter um bom modelo de como relacionar-se com um homem de forma íntima e saudável, a identidade sexual da pessoa (homem ou mulher) pode ser distorcida, deixando-a procurar por meio do sexo o amor e afeição paternal pelo qual está carente. O tema é complexo e polêmico; recomendo algumas leituras na área de homossexualismo:

BRADFORD, Brick et. al. *Cura para o homossexual.* Belo Horizonte: Betânia, 1978/1987. 81 páginas.

CARVALHO, Esly Regina S. de. *Homossexualismo: Abordagens cristãs.* Curitiba: Eirene do Brasil, 1989.

CASTILHO, Lísias. *Homossexualidade.* São Paulo: ABU, 1989. 72 páginas.

DAVIES, Bob; RENTZEL, Lori. *Deixando o homossexualismo.* São Paulo: Mundo Cristão, 1997.

MOURA, Lisânias. *Cristão homoafetivo?* São Paulo: Mundo Cristão, 2017. Baseado em pesquisas e reflexões construídas sobre o sólido terreno da ortodoxia teológica cristã.

PAYNE, Leanne. *Cura para o homossexual.* Rio de Janeiro: Louva a Deus, 1994.

_____. *Imagens partidas.* São Paulo: Sepal, 2001.

WHITE, John. *Eros e sexualidade.* São Paulo: ABU, 1977.

5. Muitos têm sofrido uma rejeição profunda por: divórcio, exclusão da igreja, rejeição pelos pais, ser portador de HIV, ficar repetidas vezes desempregado, limitações físicas etc. Vinte e um por cento dos casamentos no Brasil acabam em *divórcio.* E isso é recente, pois o divórcio só foi legalizado no país em 1977. Entre os motivos que levam à separação de um casal, a traição é o que desponta em primeiro lugar nas estatísticas dos escritórios de advocacia, chegando a atingir metade dos casos (*Veja,* 11/10/95, p. 65-66).

O trauma do divórcio é profundo, afetando todas as áreas da vida: financeira, social, emocional, espiritual e sexual. O trauma se complica ainda mais para a mulher que tem filhos. Muitas vezes, ela tem de se tornar pai e mãe, ganhando a vida sozinha, fazendo o possível e o impossível para criar seus filhos. É terrível quando esse trauma é reforçado por rejeição da igreja.

Sem comentar cada tipo de rejeição, permita-me dar apenas uma palavra quanto ao *desemprego.* Eu passei por duas depressões profundas. A primeira durou cinco meses, quando fiquei desempregado e tive

44 Introdução à restauração da alma

meus sonhos de jovem adulto frustrados. O segundo, quando minha igreja se reuniu, em minha ausência, e votou para que eu não continuasse como pastor. Outra vez isso quebrou sonhos, pois havia fundado a igreja com altos ideais dentro do modelo da igreja primitiva.

Na primeira depressão, eu trabalhava como professor de Educação Cristã em nível de pós-graduação. Cinco meses antes do final do ano escolar, recebi um aviso prévio de que não queriam que eu continuasse. Na verdade, não estava desempregado. Tinha classes para ministrar, artigos para escrever, lições para preparar e corrigir. Mas eu me sentia desempregado e profundamente rejeitado por pessoas em quem confiava e com quem sonhava oferecer um modelo diferente de treinamento para pastores e líderes para o ministério. Houve dias em que eu ia para meu escritório, apagava a luz e me deitava no chão, por horas, sentindo-me paralisado, inútil, sem forças para fazer coisa alguma, muito menos para enfrentar as repetidas rejeições embutidas no processo de procurar outro emprego. Comento isso só para ilustrar o poder destrutivo da rejeição e encorajar um apoio emocional e espiritual muito especial para pessoas desempregadas.

6. Muitos têm sofrido mágoas ou relações quebradas. Convidando uma vizinha para nosso grupo familiar, ela perguntou onde nos reuníamos. Expliquei-lhe que fazíamos rodízio. "Nessas duas próximas semanas será na casa de 'Dona Beltrana', depois será na nossa." "Oh, eu não vou enquanto for na casa dela, porque não falo com ela; quando for em outra casa, eu vou", ela afirmou. Outro vizinho, bom amigo meu, tem-se recusado por vários anos a participar de nosso grupo familiar, deixar suas crianças irem ao clube bíblico em nossa casa, participar da festa de natal da vizinhança ou de qualquer outro evento nos quais membros de outra família de desafetos estaria presente. Relações quebradas. Cada uma reflete trauma, amargura, hostilidade e dor.

Outras vezes, não temos relações quebradas, mas estamos comprometidos com pessoas abusadoras que nos ferem regularmente. Isso se vê especialmente no caso de mulheres que se tornam dependentes emocionalmente de homens que as maltratam. Esse padrão é reconhecido na literatura e na psicologia como "codependência", dependendo emocionalmente de outra pessoa que age como se estivesse dependente de nós. Existem grupos de apoio em cidades grandes, como São Paulo, para mulheres que amam demais, mulheres que não sabem como lidar com a vida sem esses homens que as maltratam.

Deixe-me ilustrar a codependência. Visualize uma cadeira sem um dos pés, com uma pessoa sentada nela. Essa pessoa representa alguém doente ou dependente (alcoólatra, deprimida etc.), que cairia se outros não a sustentassem. Visualize agora alguém segurando a cadeira para que não caia. Essa pessoa representa a codependente, cuja vida está comprometida em cobrir, proteger e cuidar da dependente. Ela se sente responsável por manter ou cobrir a dependente, não deixando-a experimentar as consequências normais de sua dependência, e, assim, sendo inconscientemente responsável por mantê-la nessa situação. Na intenção de ajudar e proteger, acaba mantendo-a dependente em seu problema. O auxiliador se torna codependente: *dependente* da pessoa doente. O codependente acaba ganhando seu sentido de significado, de importância e valor da pessoa dependente. Não pode deixar a cadeira cair. *Não pode deixar a peteca cair. O sentido de bem-estar da pessoa codependente depende do bem-estar da pessoa doente.*

Em 1995, a Editora Vida lançou um bom livro sobre esse tema: *A mulher maltratada (Doloroso testemunho de uma esposa em sofrimento)*, de Kay Marshall Strom. O livro documenta as tensões que aumentam quando a mulher tem uma convicção de que deve ser submissa ao marido em tudo. Indica a complexidade emocional e espiritual, as opções para mulheres nessa situação, como encontrar a cura e o papel que a igreja pode ter. Outro bom livro sobre o tema é *Criando sua liberdade (Amor sem dependência)*, escrito por Carlos Barcelos. Também recomendo *O amor é uma escolha, recuperação para relacionamentos codependentes* de Robert Hemfelt, Frank Minerth e Paul Meier, Grandolfo Editores, 1989 (esgotado) e *Codependência nunca mais*, de Melody Baettie, baseado no princípio dos Doze Passos do A.A. Ajuda a pessoa a ir entendendo a codependencia e vencendo passo a passo.

7. Muitas pessoas não conseguem relacionar-se bem com os que estão em posição de autoridade sobre elas, ou não conseguem exercer autoridade como servas. Aqui, há dois problemas relacionados à autoridade.

O primeiro problema é a dificuldade séria de se submeter. Essa pessoa geralmente sofreu abusos ou foi traída por autoridades no passado, especialmente por seus pais. Ela tem um espírito forte de independência ou individualismo que a leva a resistir, abertamente ou não, às autoridades em sua vida. Isso pode ser a razão pela qual repetidas vezes perde ou muda de emprego, muda de igreja ou se torna parte de um grupo que resiste ao pastor, ou tem problemas sérios no casamento — se for homem, procura forçar a submissão da mulher, e se for mulher, resiste ou mina a liderança do marido, puxando-lhe o tapete. Essa pessoa pode tornar-se uma "bomba emocional", à espera de detonar. Não consegue ser interdependente. Sempre precisa ter a última palavra. *O segundo problema relacionado à autoridade é não saber como exercer autoridade como servo* (Mt 20.25-28; Pe 5.2,3). Essa pessoa também não consegue ser interdependente. Revela-se autoritária e dominante, controla e manipula as pessoas ao seu redor. Quando as pessoas estão fazendo o que ela quer, pode ser um modelo de amor, alegria e benignidade. Mas quando alguém cruza seu caminho, pode tornar-se outra pessoa, manipulando ou controlando os que com ela convivem. A reação manipuladora faz com que os outros sintam-se pessoas más, culpadas e responsáveis pelo estado emocional dela. A reação controladora procura forçar os outros a fazer o que ela quer, através de punição, hostilidade e, às vezes, violência.

Toda pessoa que exerce autoridade tem de lutar contra essas tendências, seja mãe, pai, gerente, empresário ou pastor. As pessoas controladoras facilmente machucam a identidade ou personalidade de outras. Até chegam a desenvolver uma teologia que apoia sua postura e são rodeadas por pessoas dependentes. Pode ser mais fácil separar--se delas do que esperar mudanças nesse tipo de pessoa. Ao mesmo tempo, temos de avaliar até que ponto o problema está nela e até que ponto está em nós um espírito de independência e individualismo!

8. Muitos têm praticado relações sexuais fora do casamento. A libertinagem sexual talvez seja a maior tragédia do século vinte. Um artigo que li recentemente indicou que, no Brasil, 90% dos homens solteiros e 65% das mulheres solteiras praticam relações sexuais antes dos 21 anos. Jaime Kemp e outros dizem que as estatísticas na igreja, infelizmente, não são muito diferentes. Podemos acrescentar a isso o número de pessoas casadas que têm casos fora do casamento.

A mulher tem maior probabilidade de ser traumatizada por meio de relações pré-nupciais ou extranupciais. Existem várias razões para isso: ela experimenta uma violação física de seu corpo, ela é mais sensível quanto a relacionamentos interpessoais e ela tem uma tendência a ser mais sensível espiritualmente. A relação pré--nupcial facilmente afeta sua futura relação quando se casa, ainda que a relação pré-nupcial tenha sido apenas com o futuro marido. É difícil falar sobre esses sentimentos tão íntimos e, por isso, é difícil a mulher ser curada do autodesprezo, medo ou ira que facilmente são ligados a relações pré-nupciais. Isso acaba limitando seu prazer e sua liberdade no ato sexual, e pode, por sua vez, levar a outros problemas no casamento, incluindo a infidelidade.

Existe outra tragédia maior: a tragédia das pessoas que se endurecem de tal forma a não sentirem nada errado em ter relações sexuais fora do casamento. Essas pessoas estão no caminho de Rm 1.18-32, longe do coração de Deus e andando na direção da eterna separação de Deus.

9. Alguns têm provocado o aborto. Infelizmente, o número de abortos nos últimos trinta anos tem se multiplicado de forma assustadora. A Associação Pró-Vida de Brasília diz que acontecem quatro milhões de abortos por ano, 75% deles feitos por pessoas não casadas (solteiras, separadas ou divorciadas). Para abortar, a mulher tem de crer que a criança no útero não é humana; caso contrário, seria homicídio. Que angústia reconhecer que, em vez de nutrir e proteger uma pequena pessoa inocente, sem defesa, sem culpa alguma, que dependia totalmente de você para tudo, você escolheu matá-la. Quando a alma de uma mulher é atingida pelo fato de que ela, como mãe, matou seu próprio filho, o trauma é profundo.

10. Algumas pessoas têm cometido atos criminosos ou violentos. Essas pessoas têm se tornado agentes de Satanás, no propósito dele de roubar, matar e destruir (Jo 10.10). Essa violência é uma expressão, às vezes inconsciente, de raiva e do desejo de vingar-se de violência por elas sofrida, muitas vezes, na infância por seus pais ou outras pessoas importantes para elas. Sentimentos armazenados de impotência, culpa, raiva e ódio alimentam atos violentos contra outros, especialmente os mais fracos que se tornam vítimas como ele. Na família, homens espancam suas esposas, e pais maltratam seus filhos. Um excelente livro nessa área é o de Kay Strom, *A mulher maltratada*, sobre o qual já comentamos.

A violência dos atos criminosos gera-se no solo amargo de um coração ferido e endurecido pelo pecado. Simplesmente tratar do pecado e não da ferida é ineficaz. Procurar tratar da ferida e ignorar o pecado também não dá certo. O sacrifício de Jesus na cruz tem essa eficácia dupla!

48   Introdução à restauração da alma

11. Muitas pessoas têm se envolvido com espiritismo (macumba, esoterismo, meditação transcendental, kardecismo) ou falsas religiões (maçonaria e sociedades secretas, Nova Era, misticismo, seitas etc.). Patrick Johnston, no seu livro *Intercessão mundial*, da Missão Amém, página 171, diz que mais de 60% dos brasileiros estão envolvidos em práticas do espiritismo ou ocultismo, a maioria também se considerando católica. Os demônios têm fácil acesso às pessoas que participam do espiritismo. Às vezes, a participação dos pais acaba abrindo uma brecha na vida das crianças. Paulo fala que o crente santifica seu cônjuge descrente e suas crianças (1Co 7.14). Não nos deve surpreender que o mesmo pode acontecer de forma contrária, abrindo espaço para aflição demoníaca na família, especialmente quando junto acontece abuso sexual e/ou dependência de álcool ou de drogas.

A igreja primitiva tinha o costume de incluir uma série de renúncias e de declarações de compromisso no batismo. Algumas igrejas litúrgicas ainda mantêm essas renúncias, mas a maioria das igrejas evangélicas não entende a necessidade de renunciar envolvimento prévio com o diabo, o mundo e a carne.

A restauração da alma está muito ligada à libertação. Geralmente, alguém afligido por demônios (pode ser crente ou não crente) também tem outros problemas indicados acima. O ministério de libertação, normalmente, não tem resultados duradouros se não houver cura das raízes que abriram a brecha para o inimigo. De forma parecida, na ministração da cura muitas vezes é necessária ministração de libertação. Existem portas e *portões* pelos quais os demônios nos afligem! Os cinco portões são: rejeição pelos pais; envolvimento no espiritismo; relações sexuais fora do casamento; alcoolismo ou drogas; e o desejo de morrer. Comentamos mais sobre batalha espiritual no capítulo doze.

Para resumir, a primeira razão pela qual a restauração é importante é a gritante necessidade de tantas pessoas com múltiplas feridas. A família e a sociedade estão cada vez mais alienadas dos propósitos de Deus, mais transitórias, menos sadias e menos confiáveis. O resultado natural e inevitável disso são indivíduos desestruturados e disfuncionais. Cria-se um círculo vicioso de pessoas desestruturadas, gerando a cada dia uma sociedade mais doentia, que, por sua vez, gera pessoas mais desestruturadas. Precisamos de uma igreja que saiba ministrar restauração!

Jesus já sabia como seriam os séculos vinte e vinte um. A missão dele atinge em cheio a necessidade de nossa geração. Isso nos leva à nossa segunda razão por que a restauração da alma é tão importante, explicada no capítulo seguinte.

> *Instrutor: repasse a tarefa para a próxima semana e então divida os participantes em grupos de quatro ou cinco, como na semana passada. Se possível, mantenha os mesmos grupos, a não ser que alguém tenha pedido para mudar de grupo.*

TAREFA PARA O PRÓXIMO ENCONTRO

1. Faça o estudo bíblico no começo do próximo capítulo e leia a seção "Para estudar", sublinhando os pontos importantes e fazendo anotações nas margens, incluindo sinais como pontos de interrogação, se você não entende ou não concorda com algo, um rosto com sorriso, se gosta de algo, ou as letras "NB", se é um ponto que deve Notar Bem etc.
2. Separe um tempo especial para pedir que Deus revele a você de forma mais clara sua visão quanto à restauração. Depois, anote o que você ouviu dele.

PERGUNTAS PARA REFLEXÃO E DISCUSSÃO

1. A cada encontro, antes de discutir no grupo pequeno sobre o que estamos aprendendo, teremos dez minutos para fazer uma oração a Deus. Escreva a Deus o que você está sentindo ou use sua imaginação santificada para escrever o que você sente que Deus pode estar falando a você agora.

50   Introdução à restauração da alma

_____

_____

_____

_____

_____

_____

_____

_____

_____

_____

_____

_____

_____

_____

2. Compartilhe com seu grupo uma das coisas que mais mexeu com você neste estudo. Se você escreveu sobre isso, fique à vontade para ler sua oração a seus companheiros.

3. *Opcional, se houver tempo*: Compartilhe com o grupo uma das áreas de sua autoavaliação na qual você colocou um sinal. Se estiver disposto e houver tempo, indique todas as áreas que você marcou. Indique qual dessas áreas mais preocupa você e por quê. Fique à vontade para fazer algumas perguntas aos outros enquanto estão compartilhando. Não esqueça que os últimos 20-25 minutos devem ser reservados para orar juntos.

4. Terminem a sessão orando juntos por 20-25 minutos. Se o Espírito indicar alguém que precise de um tempo especial de oração, fique à vontade para fazê-lo. Se Deus falou com você no período de oração, seria bom anotar o que você ouviu no final.

3 A BASE BÍBLICA PARA A RESTAURAÇÃO DA ALMA

O Espírito do Senhor Deus está sobre mim, porque o Senhor me escolheu para levar as boas notícias de salvação aos desanimados e aflitos.[...] Ele me mandou anunciar a chegada do dia em que o Senhor vai mostrar a todos a sua graça, e também o dia em que Deus vai se vingar de seus inimigos. Ele me mandou consolar os que estão chorando, e dar a todos os que estão de luto em Israel uma bela coroa em vez de cinzas sobre a cabeça, perfume de alegria em vez de lágrimas de tristeza no rosto, roupas de festa e louvor em vez de um espírito triste e abatido.

Porque o Senhor vai plantar esse povo; eles serão fortes e belos como carvalhos, e darão glória a ele.

Eles vão reconstruir as cidades destruídas, as antigas ruínas, tomarão a edificar o que ficou arrasado por séculos e séculos.

Isaías 61.1-4,BV

ENTENDENDO A MISSÃO DE JESUS LIGADA À RESTAURAÇÃO DA ALMA

Começamos cada capítulo com um exercício de autoavaliação, mas nesse caso o estou substituindo por um estudo bíblico. Lucas 4.18-19 é uma descrição clara da missão de Cristo. Abaixo, você encontrará essa passagem do lado esquerdo da página, com espaço para colocar perguntas e comentários do lado direito. Procure anotar pelo menos dez observações, escrevendo com letra pequena, para deixar espaço para acrescentar comentários de outros no encontro seguinte.

Jesus está citando e interpretando o texto de Isaías indicado acima, juntando-o com outro texto, Isaías 58.6. Você pode comparar o que Jesus diz com a profecia de Isaías, para aprofundar seu entendimento da missão de Jesus. A versão citada abaixo é a Nova Versão Internacional. Comparando isso com outras versões você também enriquecerá seu entendimento dessa passagem.

*O Espírito do Senhor
  está sobre mim;
porque ele me ungiu
para pregar boas-novas
aos pobres.
Ele me enviou
para proclamar liberdade
aos presos
e recuperação da vista
aos cegos,
para libertar os oprimidos
e proclamar o ano
  da graça do Senhor.*

PARA ESTUDAR

Este capítulo é diferente dos outros no sentido de que a maior parte de seu trabalho não é leitura e análise. A maior parte é seu próprio estudo da passagem acima e a riqueza que surgirá quando o grupo compartilhar suas muitas observações sobre a passagem. *(Nota para o líder: nas p.192-193 há algumas dicas para o estudo de Lucas 4.18-19, mas só pegue essas dicas depois de haver feito seu próprio estudo.)*

Havendo feito esse estudo, anote outras passagens que podem servir como base bíblica para a restauração. No encontro seguinte, outros podem sugerir mais algumas passagens para você acrescentar.

_____

_____

_____

_____

_____

Além da passagem indicada acima, três falam sobre a missão de Cristo relacionada à área de restauração da alma. Sublinhe, abaixo, as frases que têm a ver com pessoas aflitas, feridas, carentes e precisando de cura.

> Ao anoitecer foram trazidos a ele muitos endemoninhados, e ele expulsou os espíritos com uma palavra e curou todos os doentes. E assim se cumpriu o que fora dito por meio do profeta Isaías: "Ele tomou sobre si as nossas enfermidades e sobre si levou as nossas doenças".
>
> Mateus 8.16-17, citando Isaías 53.4

> Jesus ia passando por todas as cidades e povoados, ensinando nas sinagogas, pregando as boas-novas do Reino e curando todas as enfermidades e doenças. Ao ver as multidões, teve compaixão delas, porque estavam aflitas e desamparadas, como ovelhas sem pastor. Então disse aos seus discípulos: "A seara é grande, mas os trabalhadores são poucos. Peçam, pois, ao Senhor da colheita que envie trabalhadores para a sua colheita".
>
> Mateus 9.35-38

> Muitos o seguiram, e ele curou todos os doentes que havia entre eles, advertindo-os que não dissessem quem ele era. Isso aconteceu para se cumprir o que fora dito por meio do profeta Isaías:
> "Eis o meu servo, a quem escolhi, o meu amado, em quem tenho prazer. Porei sobre ele o meu Espírito, e ele anunciará justiça às nações. Não discutirá nem gritará; ninguém ouvirá sua voz nas ruas. Não quebrará o caniço rachado, não apagará o pavio fumegante, até que leve à vitória a justiça. Em seu nome as nações porão sua esperança".
>
> Mateus 12.15-17; 18-21 citando Isaías 42.1-4

Claramente, Jesus tinha uma missão de curar os doentes e se preocupava de forma especial com o interior do homem, o coração, e não só com o exterior, o corpo. Jesus veio para que tenhamos vida, vida plena, abundante e completa (Jo 10.10). Ele nos promete que *"Quem crer em mim, como disse a Escritura, de seu interior fluirão rios de água viva"*(Jo 7.38).

Jesus veio para nos salvar. A palavra "salvar", no grego do Novo Testamento, é a palavra *sozo,* e é usada tanto para indicar salvação espiritual e eterna como também para indicar libertação de perigo ou doença. *Sozo* não é a palavra mais usada para cura, mas é usada o suficiente para demonstrar que a visão bíblica de salvação é integral,

54 Introdução à restauração da alma

não sendo simplesmente uma salvação do espírito, mas chegando também a ser uma salvação que abraça aflições da alma e doenças do corpo. Veja os seguintes exemplos:

1. Em Lucas 8.26-39 (e Mt 8.28-34; Mc 5.1-20), Jesus cura o endemoninhado geraseno. As pessoas que tinham visto o milagre contaram ao povo *"como fora salvo (sozo) o endemoninhado"* (Lc 8.36, RA).

2. Em Lucas 8.40-42 (e Mt 9.18,19; Mc 5.21-24), quando Jesus voltava da região dos gerasenos, um dirigente da sinagoga chamado Jairo prostrou-se aos pés dele, implorando insistentemente *"Minha filhinha está à morte; vem, impõe as mãos sobre ela, para que seja salva (sozo), e viverá"* (Mc 5.23, RA). Jesus foi com ele e curou sua filha.

3. Em Lucas 8.43-48 (e Mt 9.20-22; Mc 5.25-34), no caminho para a casa de Jairo, uma mulher aflita durante doze anos por uma hemorragia tocou a borda do manto de Jesus, *"porque dizia consigo mesma: Se eu apenas lhe tocar a veste, ficarei curada (sozo). E Jesus, voltando-se e vendo-a, disse: Tem bom ânimo, filha, a tua fé te salvou (sozo). E desde aquele instante a mulher ficou sã (sozo)"* (Mt 9.21,22, RA).

4. Em Atos 14.8-10, encontramos um homem paralítico. *"Quando Paulo olhou diretamente para ele e viu que o homem tinha fé para ser curado (sozo), disse em alta voz: 'Levante-se! Fique de pé!' Com isso, o homem deu um salto e começou a andar"* (At 14.9,10).

5. Tanto Mateus (Mt 13.15) como Paulo (At 28.27) e João (Jo 12.40) citam a profecia de Isaías 6.9,10 quanto à rejeição de muitos em relação a Jesus. *"Pois o coração deste povo se tornou insensível; de má vontade ouviram com seus ouvidos, e fecharam seus olhos. Se assim não fosse, poderiam ver com os olhos, ouvir com os ouvidos, entender com o coração e converter-se, e eu os curaria"* (Mt 13.15).

   As últimas duas frases indicam que a conversão resultaria em ser curado. À medida que o coração se abre e se pode entender o evangelho no coração, tanto a salvação como a cura acontecem.

6. A palavra grega *diasozo* quer dizer salvar *(sozo)* inteiramente ou totalmente *(dia)*. É usada em várias ocasiões para falar de cura. *"E lhe rogavam (a Jesus) que ao menos pudessem tocar na orla da sua veste. E todos os que tocaram ficaram sãos (ou curados, NVI) (diasozo)"* (Mt 14.36 e Mc 6.56, RA).

Tendo ouvido falar a respeito de Jesus, enviou-lhe alguns anciãos dos judeus, pedindo-lhe que viesse curar (diasozo) o seu servo (Lc 7.3, RA).

Nos primeiros três textos acima, usei a Edição Revista e Atualizada (RA) porque é consistente em usar a palavra "salvo" para traduzir a palavra grega *sozo*. Minha versão preferida, a NVI, usa a palavra "curado" para traduzir *sozo* nessas passagens. A tradução da NVI é melhor, mas nesse caso citei a RA só para ilustrar mais claramente a ligação bíblica entre a salvação e a cura.

O reino de Deus se estende a todas as esferas do ser humano, incluindo a área da cura emocional (cf. Mt 4.23; 9.35; 12.28). Jesus acolhia as multidões "*e falava-lhes acerca do Reino de Deus, e curava os que precisavam de cura*" (Lc 9.11). Quando ele enviou os doze (Mt 10.1,7-8), ficou patente que deveriam anunciar o Reino de Deus e curar. Da mesma forma, ele mandou os setenta dizendo "*Curem os doentes que ali houver e digam-lhes 'O Reino de Deus está próximo de vocês*'"(Lc 10.9). Alguns podem argumentar que aqui está se falando de cura física e não de restauração emocional, mas Jesus se preocupava em curar o homem integralmente.

A preocupação de Deus quanto a curar o homem integralmente está refletida nos dons do Espírito Santo. Em uma das listas dos dons, Paulo coloca "dons de cura" (1Co 12.9). O fato de estar no plural indica que existe mais que um tipo de dom de cura. Se Paulo (e o Espírito Santo) quisesse indicar um único dom de cura física, provavelmente teria escrito "dom de cura", no singular. O plural dá uma base para entender que Deus se preocupa tanto com cura emocional como também física.

Jesus diz: "*Se vocês permanecerem firmes na minha palavra, verdadeiramente serão meus discípulos. E conhecerão a verdade e a verdade os libertará*" (Jo 8.31-32). Quando conhecemos a verdade de quem ele é, o amor dele, sua graça e perdão, somos libertos espiritual e emocionalmente. Existe grande libertação quando as verdades nas quais construímos nossa identidade, incluindo nossas barreiras e defesas, são confrontadas pelas verdades específicas da Palavra de Deus para nós. Deus nos transforma quando conseguimos nos enxergar de seu ponto de vista e não simplesmente da nossa perspectiva distorcida (2Co 5.7,16,17).

56 Introdução à restauração da alma

O objetivo de Jesus em nos salvar não é simplesmente levar-nos para o céu. Ele quer salvar não só nosso espírito, mas o nosso ser inteiro: alma, espírito e corpo. A alma é composta de três partes: mente, emoções e vontade. Jesus quer salvar, remir, curar, completar e restaurar todas as três. Paulo indica isso quando fecha sua primeira carta aos Tessalonicenses: *"Que o próprio Deus da paz os santifique inteiramente. Que todo o espírito, a alma e o corpo de vocês sejam conservados irrepreensíveis na vinda de nosso Senhor Jesus Cristo. Aquele que os chama é fiel e fará isso"* (1Ts 5.23,24).

Em resumo, a missão de Jesus Cristo **é pregar boas novas aos pobres.** Ele foi enviado *"para proclamar liberdade aos presos e recuperação da vista aos cegos, para libertar os oprimidos e proclamar o ano da graça do Senhor"* (Lc 4.18,19). E Jesus diz a seu pai, quanto a seus discípulos *"Assim como me enviaste ao mundo, eu os enviei ao mundo"* (Jo 17.18), e outra vez Jesus disse:

"Paz seja com vocês!
Assim como o Pai me enviou, eu os envio".
E com isso soprou sobre eles e disse:
"Recebam o Espírito Santo.
Se perdoarem os pecados de alguém, estarão perdoados;
se não os perdoarem, não estarão perdoados"
João 20.21-23

Jesus nos enviou para completar sua missão aqui na terra. Nossa missão, como Paulo disse, é **apresentar cada pessoa perfeita em Cristo (Cl 1.28), entendendo que isso inclui a cura espiritual do pecado e a cura emocional da alma.** E Jesus nunca nos mandou fazer algo sem nos dar a orientação e o poder para o cumprir. Aleluia!

Instrutor: repasse a tarefa para a próxima semana e então divida os participantes em grupos pequenos, como na semana passada. Se possível, mantenha os mesmos grupos.

TAREFA PARA O PRÓXIMO ENCONTRO

1. Faça a autoavaliação no começo do próximo capítulo e leia a seção "Para estudar", sublinhando os pontos importantes e fazendo anotações nas margens, incluindo sinais como pontos de interrogação, se você não entende ou não concorda com algo, um rosto com sorriso, se gosta de algo, ou as letras "NB", se é um ponto que deve Notar Bem etc.
2. Faça um diário espiritual sobre Efésios 4.26-27. Um diário espiritual responde a duas perguntas com base em uma passagem da Bíblia:
   a) O que Deus está me dizendo?
   b) O que vou fazer com base nisso? (Aplicação.)
3. Repasse a definição resumida de restauração, para poder dizer de memória (cf. p. 30).

PERGUNTAS PARA REFLEXÃO E DISCUSSÃO

1. Escreva a Deus o que você está sentindo ou use sua imaginação santificada para escrever o que você sente que Deus pode estar falando a você agora.

_____
_____
_____
_____
_____
_____
_____
_____

2. Como na semana passada, compartilhe com seu grupo uma das coisas que mais o impressionou deste estudo. Se você escreveu sobre isso, fique à vontade para ler sua oração a seus companheiros.

58   Introdução à restauração da alma

3. *Item opcional, se houver tempo*: Qual a importância que a restauração da alma deve ter na vida da igreja? Compartilhe sua resposta com seu grupo:
Nenhuma   Pouca   Alguma   Bastante   Muito   Indispensável
4. Terminem a sessão orando juntos por 20-25 minutos. Se o Espírito indicar alguém que precise de um tempo especial de oração, fique à vontade para fazê-lo. Se Deus falou com você no período de oração, seria bom anotar o que você ouviu no final.

4 ENTENDENDO A RAIZ DA IRA

Irai-vos e não pequeis; consultai no travesseiro o coração e sossegai. Oferecei sacrifícios de justiça, e confiai no SENHOR.

Salmos 4.4-5, RA

Quando estiverem irados, não pequem alimentando seu próprio rancor. Não deixem que o sol se ponha com vocês ainda irados — resolvam isso logo; porque quando vocês estão irados oferecem um fortíssimo ponto de apoio ao diabo.
(Livrem-se de toda amargura, indignação e ira [NVI]). Deixem de ser mesquinhos, irritados e mal-humorados. As contendas, as palavras ásperas e a antipatia pelos outros não devem ter lugar na vida de vocês. Em vez disso, sejam bondosos uns para com os outros, compassivos, perdoando-se mutuamente, tal como Deus os perdoou por vocês pertencerem a Cristo.

Efésios 4.26-27,31-32, BV

AUTOAVALIAÇÃO DE SUA EXPERIÊNCIA DA IRA

Tim LaHaye e Bob Phillips escreveram um excelente livro chamado A ira: uma opção. No capítulo cinco desse livro (p. 49-53), eles citam uma autoavaliação escrita por David C. Bums. Com a permissão da Editora Vida, estou passando essa avaliação com algumas adaptações para você preencher aqui junto com as explicações que a acompanham.

INVENTÁRIO DA IRA

Qual é o seu Q.I.? Não estou interessado em saber quão inteligente você é, porque a inteligência pouco tem a ver com a capacidade de ser feliz. O que desejo saber é o seu "Quociente de Irritabilidade". Este se refere à quantia de ira e incômodo que a pessoa tende a absorver e guardarem sua vida diária. Se você possui um Q.I. particularmente elevado, leva uma

60 Introdução à restauração da alma

grande desvantagem, porque reage excessivamente às frustrações e desapontamentos, criando ressentimentos que podem empanar sua disposição e tornar sua vida uma luta sem alegria.
Eis como medir o seu Q.I. Leia a relação de 25 situações potencialmente perturbadoras descritas abaixo. No espaço ao lado de cada incidente, calcule o grau em que ele ordinariamente o enraiveceria ou provocaria, usando a escala simples abaixo.

0 - Sentiria pouca ou nenhuma perturbação.
1 - Sentiria um pouco de irritação.
2 - Ficaria moderadamente irritado.
3 - Ficaria bastante irado.
4 - Ficaria com muita raiva.

Marque sua resposta no espaço na frente de cada pergunta, como neste exemplo:

__2__ *Você vai de carro apanhar um amigo no aeroporto, e o trânsito está demorando o dobro do que você calculou.*

O indivíduo que respondeu a essa pergunta calculou que sua reação seria "dois" porque ele se sentiria moderadamente irritado, mas a irritação passaria assim que ele chegasse ao aeroporto. À medida que você descreve como normalmente reagiria a cada uma das provocações seguintes, faça um cálculo geral, embora muitos detalhes potencialmente importantes estejam omitidos (tais como o tipo de dia que você estava tendo, ou quem estava envolvido na situação).

_____ *1. Você desempacota um aparelho elétrico que acaba de comprar, liga-o na tomada e descobre que ele não funciona.*

_____ *2. Um mecânico cobra demais por um conserto feito e você nada pode fazer.*

_____ *3. Você é repreendido, enquanto as ações dos outros passam despercebidas.*

_____ *4. Seu carro atola na lama ou na areia.*

_____ *5. Você está conversando com alguém que não responde.*

_____ *6. Alguém finge ser algo que não é.*

_____ *7. Você luta para levar quatro xícaras de café para sua mesa, e alguém lhe dá um encontrão, derramando o café.*

_____ 8. *Você pendurou suas roupas, mas alguém as derruba no chão e não as apanha.*

_____ 9. *Você é perseguido por um vendedor desde o momento em que entra na loja.*

_____ 10. *Você fez planos de ir a algum lugar, mas a pessoa com quem você ia desiste no último momento e o deixa sozinho.*

_____ 11. *Fazem piada a seu respeito ou debocham de você.*

_____ 12. *Seu carro enguiçou no meio da rua e a pessoa que se encontra atrás de você não para de tocar a buzina.*

_____ 13. *Você acidentalmente dá uma volta errada num estacionamento. Quando sai do carro, alguém grita, dizendo: "Onde foi que você aprendeu a dirigir?"*

_____ 14. *Alguém comete um erro e culpa você.*

_____ 15. *Você está tentando se concentrar, e a pessoa ao seu lado fica batendo o pé.*

_____ 16. *Você empresta um livro ou uma ferramenta importante a alguém e ele não o devolve.*

_____ 17. *Você teve um dia ocupado e seu companheiro de quarto reclama que você se esqueceu de fazer alguma coisa que havia prometido.*

_____ 18. *Você está tentando discutir algo importante com o cônjuge ou parceiro, que não lhe dá a oportunidade de expressar seus sentimentos.*

_____ 19. *Você está conversando com alguém que insiste em falar de um tópico do qual você pouco sabe.*

_____ 20. *Alguém interrompe uma conversa que você está tendo com outra pessoa.*

_____ 21. *Você precisa chegar a algum lugar com urgência, mas o carro à sua frente está indo a 40km/h numa área de 65 km/h, e você não consegue ultrapassá-lo.*

_____ 22. *Você pisa numa pasta de chiclete.*

_____ 23. *Ao passar por um pequeno grupo de pessoas, elas zombam de você.*

_____ 24. *Com a pressa de chegar a algum lugar, você rasga sua melhor calça em um objeto pontiagudo.*

_____ 25. *Você usa sua última ficha para dar um telefonema mas o telefone desliga antes que você termine de discar e você perde a ficha.*

Agora que você terminou o Inventário da Ira, pode calcular o seu Q.I., seu Quociente de Irritabilidade. Certifique-se de não ter omitido nenhum dos itens. Some o resultado de cada um dos 25 incidentes. O menor total possível é zero; para conseguir isso, você teria de colocar 0 em cada item, o que indicaria que ou você é mentiroso ou é um guru! O resultado mais alto é 100. Isto significa que você marcou 4 para cada um dos 25 itens, e você está constantemente no ponto de ebulição ou além dele.

Você pode interpretar seu resultado total de acordo com a seguinte escala:

0–45   *A quantia de ira e perturbação que você geralmente sente é bem baixa. Somente pequena porcentagem da população terá um resultado tão baixo assim no teste. Você é um dos poucos escolhidos!*

46–55   *Você é substancialmente mais pacífico do que a pessoa média.*

56–75   *Você reage às perturbações da vida com uma quantia média de ira.*

76–85   *Você frequentemente reage de um modo irado para com as muitas perturbações da vida. Você é substancialmente mais irritável do que a média das pessoas.*

86–100   *Você é um verdadeiro campeão de ira e é afligido por reações frequentes, intensas e furiosas que não desaparecem rapidamente. É provável que você abrigue sentimentos negativos bem depois do insulto inicial ter passado. Você pode ter a reputação de cabeça quente entre as pessoas que o conhecem. Você pode ter frequentes dores de cabeça causadas pela tensão e pressão alta. Sua raiva muitas vezes pode ficar sem controle e levar a explosões impulsivas e hostis que às vezes o colocam em dificuldade. Apenas pequena porcentagem da população adulta reage tão intensamente quanto você.*

Pergunte a membros de sua família ou amigos íntimos que nível de ira eles enxergam em você: muito abaixo da média de outras pessoas; algo abaixo da média; na média; algo acima da média; ou muito acima da média. Se a percepção deles for diferente de sua autopercepção no teste acima, será interessante procurar entender por que existe tal diferença.

PARA ESTUDAR

Enquanto você lê, não se esqueça de sublinhar pontos importantes e colocar anotações na margem. Especialmente, coloque a palavra "Eu?" com um ponto de interrogação onde existe algo que possa estar relacionado a você.

Neste capítulo sobre a ira, vamos responder de forma <u>introdutória</u> e <u>simples</u> a quatro perguntas:
A. O que é ira?
B. Por que nos iramos?
C. Quais os resultados da ira não resolvida?
D. Como agir quando estamos irados?

Se quiser aprofundar esse tema, consulte os livros recomendados ao final do capítulo, especialmente o livro de LaHaye e Phillips.

A. O QUE É IRA?

> Ira é o desejo ardente de corrigir, atacar ou destruir algo (ou alguém) que nos incomoda ou nos ameaça.

Vamos ver cada frase com um pouco mais de detalhe.

1. A IRA É UM DESEJO ARDENTE
Esse desejo ardente não é maligno ou pecaminoso em si. Tanto o Antigo Testamento como o Novo nos chamam a ser irados, mas não pecar (Sl 4.4; Ef 4.26). A advertência a não pecar esclarece que a ira não é pecado; ao mesmo tempo, fica patente que a ira facilmente nos leva ao pecado. Existe o que podemos chamar de ira santa ou justa e ira pecaminosa.

A ira santa ou justa acende contra a injustiça, expressa a revolta divina contra o pecado e contra tudo o que difama o caráter ou os propósitos de Deus. Nós, criados à imagem de Deus, também

64 Introdução à restauração da alma

sentimos essa ira contra a injustiça. A pessoa que nunca sente uma ira santa provavelmente não anda muito próxima de Deus.

A ira de Deus, a ira justa, distingue entre a ofensa e o ofensor. Deus odeia o pecado, mas ama o pecador. O pecado precisa ser corrigido, atacado e destruído. Mas precisamos fazer uma distinção entre a pessoa e seus atos e palavras erradas (cf. 2Co 10.4-6). Ira queima. Queima dentro de nós, sendo uma chama útil, mas perigosa. Corta as pessoas, mesmo sendo dirigida e controlada com precisão. Na melhor das hipóteses, é um corte cirúrgico benéfico, mas ainda assim incomoda a outra pessoa.

Ira facilmente se torna pecaminosa. Isso acontece quando:

1. Começamos a *defender* nosso ego e não simplesmente corrigimos a injustiça.
2. *Atacamos* alguém em vez de atacar o erro dele.
3. *Alimentamos* nossa ira. Se alimentamos nossa ira além de um dia, ela normalmente se tornará destrutiva ao invés de construtiva. Quando a chama da ira é alimentada, se torna um fogo que destrói, podendo destruir a injustiça, mas facilmente pode sair de nosso controle para destruir coisas boas também.

2. A IRA CORRIGE, ATACA OU DESTRÓI

A ira santa ou justa normalmente procura corrigir o outro, e não atacar nem destruir. Tal ira é uma expressão de um amor que quer o melhor para a outra pessoa: que ela se torne cada vez mais como Cristo, realizando seus propósitos aqui na terra. A ira santa só procura destruir quando não há outra forma de restaurar a saúde de outras pessoas. Foi com esse propósito que a ira de Deus destruiu quase toda a raça humana, poupando só Noé e sua família para um novo começo (Gn 6). De forma parecida, Deus mandou destruir inteiramente cidades ou povos de Canaã, sabendo que qualquer raiz que sobrevivesse contaminaria o povo de Israel com sua idolatria. Essa ação de Deus é parecida com a de um cirurgião que "ataca" e tira um órgão totalmente canceroso, sabendo que ao deixar uma parte acabará contagiando e destruindo a pessoa. Outra ilustração seria a chamada "guerra justa", procurando destruir um inimigo antes que este destrua muitos outros.

Normalmente, quando atacamos ou queremos destruir alguém é porque nosso ego foi ameaçado ou alguém mexeu com nossa ferida. Quando nos sentimos atacados, existem duas respostas naturais: fugir ou atacar. A fuga se baseia no medo (o tema do capítulo seguinte) e o ataque se baseia na ira. Quando a ira se torna pecaminosa, queremos derrotar a outra pessoa. Podemos até raciocinar que é um assunto de justiça, mas está embutido o desejo de ver a outra pessoa sofrer. Quando a outra pessoa percebe isso, ela naturalmente foge de nós ou nos ataca também. Se não soubermos superar e resolver nossa ira, podemos acabar nos destruindo e também o outro (Gl 5.15).

3. A IRA É UMA RESPOSTA A ALGO (OU ALGUÉM) QUE NOS INCOMODA OU NOS AMEAÇA

Precisamos discernir se o que nos incomoda reflete algo que Deus quer mudar *em nós*, ou se a fonte da dor é *fora de nós* e precisa ser corrigida ou mudada.

A fonte da dor, para alguém ferido, não é simplesmente a situação atual, mas experiências do passado que o deixaram supersensível em certas áreas de sua vida. Situações no presente repetem, simbolicamente, situações traumáticas do passado, reforçando os sentimentos negativos vinculados a tais eventos. Por exemplo: tenho um amigo que ronca bastante. Em duas ocasiões, estivemos juntos em retiros, e eu precisei ir para outro quarto, porque não consigo dormir com alguém roncando. Ele ficou muito magoado. Quando outro amigo me alertou quanto a isso, fui conversar com ele. Descobri que a mãe dele nunca lhe dera nenhum carinho e seu pai os havia abandonado. Ele foi criado num ambiente de rejeição e facilmente achava que outros o estavam rejeitando. Mágoas nos deixam supersensíveis a perceber e experimentar a dor mesmo em circunstâncias em que a outra pessoa não pretende nos magoar.

B. POR QUE NOS IRAMOS?

Ficamos irados quando:

1. *Experimentamos injustiça*: Nós, ou outra pessoa com quem nos identificamos, somos roubados de algum direito ou atacados injustamente.

2. *Sentimos estresse*: Nosso cansaço ou estafa nos deixa muito sensível a qualquer coisa, sem recursos emocionais para lidar com as coisas normais da vida. (Trataremos mais disso no capítulo onze.)

3. *Somos atacados*: Satanás quer nos destruir, atacando-nos ou usando outras pessoas para esse fim.

4. *Mexem com nossas feridas*: Acontecimentos aparentemente insignificantes mas que para nós têm um significado especial nos levam a sentir uma grande dor, profunda e às vezes explosiva.

Vou tratar mais dos últimos dois itens acima, notando que os ambos se complicam muito quando estamos sob estresse, porque o estresse já é emocionalmente desgastante.

Nós nos iramos quando alguém ameaça nosso sentido de valor, nosso significado, nossa dignidade como seres criados à imagem de Deus. Às vezes, tal ameaça nos leva a fugir, outras vezes a confrontar em amor e outras vezes a atacar. Mesmo na fuga, é normal sentir ira. Muitas vezes, o silêncio ou o distanciamento são expressões da ira. Alguém me falou recentemente que parou de ir à igreja para, assim, punir a sua esposa, com quem estava tendo conflitos. Distanciar-se dela e das atividades de que ela gostava era uma expressão de sua ira.

Nossa ira pode acender quando enfrentamos outros que agem contra Deus, contra nós ou contra outros com quem nos identificamos. No primeiro caso, Deus pode cuidar de si mesmo. Não precisamos defendê-lo. Ao mesmo tempo, precisamos defender a justiça, as viúvas e órfãos, os pobres e necessitados. Sendo fiel a Deus, ele nos levará a expressar um ardente desejo de corrigir, atacar ou destruir o que ameaça a justiça.

Quando as pessoas agem contra nós, precisamos distinguir se estamos defendendo nosso ego de forma doentia ou de forma saudável. Se for egocentrismo, precisamos arrepender-nos. Se for um ataque do inimigo, precisamos reconhecer isso e nos defender. A arma predileta de Satanás é a mentira, muitas vezes expressa por meio de meias verdades ou torcendo a verdade.

Quando estamos feridos, nossa habilidade de discernir as mentiras de Satanás diminui, nosso sentido de significado, nosso ego, ficam muito frágeis. Coisas pequenas podem nos derrotar. Acusações ridículas nos atingem facilmente, quando deveriam ser reconhecidas como mentiras do inimigo e não penetrar nosso escudo da fé e nossa armadura espiritual (Ef 6.10-18).

Se estamos vivendo num ambiente repleto de rejeições, normalmente precisamos sair dele para poder atender à cura de nossas feridas. Não temos a força emocional para repelir os ataques constantes no presente e também lidar com as feridas do passado. **Comprar a briga de outro é muito perigoso, se nos baseamos só na história dele.** Facilmente tomamos a ofensa de outro como sendo nossa. Sem perceber que existem dois lados da história, duas perspectivas no conflito, assumimos só um lado e atacamos a pessoa que percebemos que está ameaçando nosso amigo, cônjuge ou filho. Nossa ira se acende ainda mais se percebemos que nosso querido está sendo atacado por alguém ou por alguma organização bem mais forte do que ele.

Existem três objetos de nossa ira: as pessoas, nós mesmos e Deus. Acima, falamos principalmente de ira contra as pessoas. Essa ira é relativamente limpa em comparação com a ira contra Deus ou contra nós mesmos. Muitas vezes, misturamos todos os três, procurando punir todos por atos agressivos. O suicídio pode ser um caso extremo disso.

A ira contra Deus e contra nós mesmos se complica, porque raras vezes conseguimos entender e expressar que sentimos isso. Sentimos tanta culpa que acabamos reprimindo ou negando tal ira. Fica-se, como nas palavras famosas do livro de Phillip Yancey, Decepcionado com Deus. (Ed. Mundo Cristão, 1988/1990).

C. QUAIS OS RESULTADOS DA IRA NÃO RESOLVIDA?

O que acontece quando a ira encontra um espaço para morar em nosso coração? Hospedar a ira tem suas consequências, todas destrutivas, porque Deus não nos criou para aguentar o peso de carregar ira, medo ou culpa. **Algumas das consequências são:**

1. A violência.
2. Um controle rígido e perfeccionista.
3. A amargura.
4. A negação e repressão.
5. A depressão.

A violência é a manifestação mais óbvia de ira reprimida. Como a pressão dentro de um vulcão chega a um ponto em que estoura, assim a pressão da ira reprimida ou carregada também explode. Pode ser violência física, batendo em outros; pode ser violência verbal, atacando e verbalmente destruindo outros. Pode ser violência interiorizada, em que a pessoa rejeita a si mesma, menosprezando--se ou até tendo problemas físicos cuja raiz é emocional.

O controle rígido e perfeccionista se demonstra especialmente no legalismo e na insistência de que as coisas têm de ser de uma certa forma. A pessoa pode ser maravilhosa se ela estiver no controle. Mas ela, mesmo inconscientemente, manipula as circunstâncias e pessoas para ficar no controle. Se você ameaçar seu poder, domínio ou sua autoridade, ela acabará atacando você direta ou indiretamente. David Seamands trata dessa raiz de controle rígido, legalismo e perfeccionismo em seu livro <u>O poder curador da graça</u>.

A amargura é o resultado inevitável de armazenar nossa ira. Torna-se uma raiz que contagia toda nossa personalidade e contagia outras pessoas também. A amargura é um câncer espiritual que nos mata; é ainda pior que o câncer, pois é contagiosa, infecta as pessoas mais próximas de nós. Destrói. Divide. Semeia dor e ira. É com razão que a Bíblia nos diz *"Cuidem para que ninguém se exclua da graça de Deus; que nenhuma raiz de amargura brote e cause perturbação, contaminando muitos"*(Hb 12.15, NVI).

A negação, repressão ou esquecimento é comum quando sentimos raiva contra alguém que deveríamos amar, especialmente Deus, nossos pais, nosso cônjuge, nossos filhos ou nós mesmos. Outro motivo de esquecimento é quando a dor, que é a fonte da ira, é simplesmente grande demais para aguentarmos. Pessoas que não podem se lembrar de certos períodos da vida geralmente têm um bloqueio emocional que apagou esses meses ou anos, ou pessoas ou lugares, pois houve uma crise tão terrível que sua estrutura mental e emocional não aguentou. A mente entra em choque e não se lembra desse tempo. Com o passar dos anos, podemos começar a sentir uma raiva incontrolável quando Deus permite que essas memórias voltem. As emoções podem voltar antes das memórias e ser um sinal de que a pessoa precisa de aconselhamento, apoio e cura.

No livro de LaHaye e Phillips <u>A ira: uma opção</u>, o capítulo seis se intitula "Anatomia dos problemas mentais". Ele descreve coisas como compensação, racionalização, substituição, identificação, projeção, egocentrismo e dez outros mecanismos de defesa que usamos para esconder ou negar nossa ira, como também nosso medo (tema do próximo capítulo deste livro). Recomendo o livro, e de forma particular esse capítulo, se você quiser entender mais sobre esses assuntos. **A depressão é o sintoma mais conhecido e experimentado da ira reprimida.** A raiz da depressão é a ira, que se complica ainda mais se for uma ira reprimida. Para superar a depressão, temos de passar pelos mesmos passos que indicamos acima quanto a superar a ira: entendê-la, expressá-la e resolvê-la. O capítulo nove é dedicado à depressão, porque é um problema muito comum.

D. COMO AGIR QUANDO ESTAMOS IRADOS?

Acima, entendemos os resultados terríveis da ira não resolvida. Para não ficar presos a esses resultados, **precisamos fazer três coisas com nossa ira: entendê-la, expressá-la e resolvê-la.**

1. ENTENDA SUA IRA

"Irai-vos e não pequeis; consultai no travesseiro o coração e sossegai"
(Sl 4.4, RA). Consulte seu coração. Entenda-o. Sonde-o.
"Sonda-me, ó Deus, e conhece o meu coração,
prova-me e conhece os meus pensamentos;
vê se há em mim algum caminho mau
e guia-me pelo caminho eterno"
(Sl 139.23,24, RA).

Existem duas fontes da ira: A primeira, saudável, surge quando alguém age contra a justiça, o caráter ou os propósitos de Deus. A segunda fonte são nossas fraquezas e feridas. Quando um comentário, atitude ou ação de alguém levanta nossa ira, precisamos discernir porque estamos irados. Precisamos da ajuda de Deus para entender até que ponto a dor que sentimos indica que algo *em nós* precisa mudar.

As áreas de nossas vidas onde temos sido feridos são muito sensíveis. Um ato relativamente inocente, ou sem grandes implicações, pode despertar em nós emoções terríveis. *"Consulte [...] seu coração"*, disse o salmista (Sl 4.4), às vezes com a ajuda de seu cônjuge, um bom amigo ou um conselheiro. Quando sua resposta emocional é desproporcional à ofensa, Deus está usando esse incidente para chamar sua atenção.

70 Introdução à restauração da alma

Ira, se não for por justiça e por Deus, tem a tendência de tornar--se contra ele, ainda que inconscientemente. Sem percebermos, perdemos de vista a soberania de Deus. Pensamos que ele não está no controle, não está no seu santo trono, e que nós precisamos acertar as contas. Assumimos sobre nossos ombros todo o peso de corrigir ou, se for necessário, acabar com a fonte de injustiça, geralmente perdendo de vista as manobras de Satanás por trás das pessoas.

Por último, quero recordar-lhes que a força de vocês deve vir do imenso poder do Senhor dentro de vocês. Vistam-se de toda a armadura de Deus, a fim de que possam permanecer a salvo das táticas e das artimanhas de Satanás. Porque nós não estamos lutando contra gente feita de carne e sangue, mas contra pessoas sem corpo — os reis malignos do mundo invisível, esses poderosos seres satânicos e grandes príncipes malignos das trevas que governam este mundo; e contra um número tremendo de maus espíritos no mundo espiritual.

Efésios 6.10-12, BV

2. EXPRESSE SUA IRA

Precisamos reconhecer nossas emoções e responsabilizar-nos por elas. Em vez de atacar alguém dizendo "Você me deixa tão irado!", precisamos dizer *"Eu estou tão irado!"* Frases que começam com *"Você!"* tendem a ser acusações. As que começam com algo como *"Estou me sentindo..."* tendem a ser confissões. Veja os exemplos abaixo. Do lado esquerdo, temos acusações, enfocando a outra pessoa. Do lado direito, temos confissões, enfocando a mim mesmo, sendo dono de minhas emoções.

Quando acusamos, permitimos que o Acusador faça seu trabalho por meio de nós. Quando confessamos, permitimos que o Espírito Santo faça seu trabalho.

Acusação	Confissão
1. Você me machucou...	Eu me senti machucado...
2. Você só se interessa por...	Me parece que você tem mais interesse em ___ do que em _____. É assim?

(continua)

Acusação	Confissão
3. É óbvio que você só quer...	Estou procurando entender quais seus propósitos com isso. Você pode me ajudar a entender?
4. O que você está dizendo é que...	Me corrija se eu estiver errado. O que eu estou ouvindo é que...
5. Você tem que mudar...	Essa situação está me preocupando. Você tem ideia de como nós podemos resolver o assunto?
6. Você me faz sentir tão estúpido!	Sabe, tem vezes que eu me sinto tão estúpido...
7. Você está me acusando de...	Eu estou me sentindo acusado.
8. Você não me entende.	Eu não estou conseguindo me comunicar.
9. Você me ofendeu.	Estou me sentindo ofendido.
10. O que você fez é prova de que não me ama.	Quando você faz isso, eu sinto que não me ama.
11. Você me deixa com raiva. Não posso dormir na mesma cama que você.	Eu estou com raiva. Me perdoe, mas desse jeito não consigo dormir com você.

Podemos expressar nossa ira para com Deus. Ele aguenta. Ele entende. Ele deseja que expressemos nossa dor e raiva muito mais do que fiquemos longe dele. Veja as seguintes expressões do salmista:

Por que, Senhor, Tu permaneces afastado na hora do sofrimento? Por que te escondes de mim?

Salmos 10.1, BV

Senhor, até quando vais te esquecer de mim? Para sempre? Até quando me voltarás as costas no tempo da dificuldade? Até quando as dúvidas tomarão conta da minha alma? Até quando o meu coração ficará cheio de tristeza? Até quando serei cercado pelo meu inimigo?

Salmos 13.1-2, BV

Meu Deus, meu Deus, por que me deixaste assim tão sozinho? Por que eu vivo pedindo socorro, gritando pela tua ajuda, e Tu não me respondes? De dia e de noite eu choro sem parar, suplicando a tua salvação, mas não recebo resposta.

Salmos 22.1-2, BV

Ó Deus, minha Rocha, por que te esqueceste de mim? Por que tenho de viver sofrendo e chorando por causa dos ataques dos meus inimigos? Cada vez que eles, zombando, perguntam: "Então, onde anda esse seu Deus?", é como se um de meus ossos fosse quebrado.

Salmos 42.9-10, BV

Já estou cansado de gritar pedindo ajuda, minha garganta está seca; meus olhos já estão fracos de tanto chorar, esperando o meu Deus entrar em ação. Muita gente me odeia sem qualquer motivo; tenho tantos inimigos que é impossível contar; gente poderosa que tenta me matar à traição.

Salmos 69.3-4, BV

Ó Deus, por que tu nos abandonaste de uma vez por todas? Qual a razão dessa tua ira contra nós, as tuas ovelhas?

Salmos 74.1, BV

Os salmos mais citados no Novo Testamento são os Salmos 22 e 69, gritos de um coração agonizado, refletindo os gritos de Jesus Cristo. Quando você estiver confuso e perturbado, cheio de emoções angustiantes, **escreva uma carta para Deus**, como fez o salmista. Ele ouve. Ele se interessa. E o ato de se expressar pode ajudar tremendamente a aliviar a dor que estamos sentindo. Entender e expressar nossa dor e nossa ira são passos indispensáveis para poder resolvê-la.

3. RESOLVA SUA IRA

Quando nossa ira é egocêntrica, querendo defender ou exaltar a nós mesmos, precisamos nos arrepender. Quando deixamos a ira continuar através de dias, semanas, meses ou anos, ela se torna pecaminosa, estabelecendo uma raiz de amargura em nós que se estende muitas vezes inconscientemente a Deus, distanciando-nos dele por sentirmos que ele não nos protegeu no dia de nossa aflição.

Uma resposta errada à ira é tomar as coisas em nossas mãos e nos esquecer de Deus. O oposto também é errado: deixar tudo nas mãos de Deus e não perguntar se nós precisamos fazer algo. Isso seria superespiritualizar a coisa. Geralmente, isso não apaga as mágoas que sentimos, nem ajuda nos relacionamentos quebrados, nem impede as pessoas de continuar a agir errado. Não dá certo quando procuramos resolver os problemas só no sentido vertical (eu com Deus) e ignoramos que nada foi resolvido no sentido horizontal (eu com as pessoas). Como diz João:

> Porém, se vivemos na luz, como Deus está na luz, então estamos unidos uns com os outros, e o sangue de Jesus, o seu Filho, nos limpa de todo pecado.
>
> 1Jo 1.7, BLH

> Se alguém diz: "Eu amo a Deus" e odeia o seu irmão, é mentiroso. Porque ninguém pode amar a Deus, a quem não vê, se não amar o seu irmão, a quem vê. Este é o mandamento que Cristo nos deu: Quem ama a Deus, que ame também o seu irmão.
>
> 1Jo 4.20,21, BLH

Quando nossa ira é justa, precisamos confrontar em amor, cheios do Espírito de Deus, as pessoas que nos feriram (Gl 6.1; Mt 18.15). Precisamos então estender o perdão e a libertação de Deus a elas. Às vezes, não conseguimos resolver nossa dor ou nossa ira porque damos ou pedimos um perdão barato. Perdão barato não nos custa nada e nem faz restituição. Explicaremos mais sobre a diferença entre perdão barato e perdão verdadeiro, ou caro, no capítulo doze.

Em resumo, nossa ira precisa ser entendida, expressada e resolvida. Se, diariamente, estivermos atentos e não deixarmos o sol se pôr sobre nossa ira, não teremos muitos problemas nessa área. Mas se carregar raiva por muito tempo, os problemas se aprofundarão e precisarão de um aconselhamento mais prolongado para que haja cura. Se Deus está tocando em sua vida nessa área, procure ajuda *já*! A raiz continuará crescendo e ficando mais difícil de tratar com o passar do tempo, aumentando cada vez mais as suas consequências destrutivas.

Instrutor: repasse a tarefa para a próxima semana e então divida os participantes em grupos, como na semana passada.

TAREFA PARA O PRÓXIMO ENCONTRO

1. Faça a autoavaliação no começo do próximo capítulo e leia a seção "Para estudar", sublinhando os pontos importantes e fazendo anotações nas margens.
2. Faça um diário espiritual sobre 1Pedro 5.7-8. Um diário espiritual responde estas duas perguntas:
   a) O que Deus está me dizendo?
   b) O que vou fazer com base nisso (aplicação)?
3. *Opcional* (se quiser se aprofundar em como superar a raiva):
   a) Estude o livro de LaHaye e Phillips, *A ira: uma opção*.
   b) Pesquise no livro de Provérbios os versículos que têm a ver com a ira, anotando seus comentários.

PERGUNTAS PARA REFLEXÃO E DISCUSSÃO

1. Reserve dez minutos para escrever a Deus o que você está sentindo, ou use sua imaginação santificada para escrever o que você sente que Deus pode estar falando a você agora.

2. Compartilhe com seu grupo uma das coisas que mais mexeu com você neste estudo. Se você escreveu uma oração sobre isso, fique à vontade para lê-la a seus companheiros (*30-35 minutos*).
3. *Opcional, se houver tempo*: Mais uma vez, se alguém no grupo tiver uma necessidade séria ou um grande problema que não sabe como enfrentar, use o restante do tempo de discussão para ministrar a ele (a).

   Outra opção é compartilhar seu escore na autoavaliação e qual das quatro áreas na lista da página 114 mais leva você a sentir ira.
4. Terminem a sessão compartilhando pedidos de oração e orando juntos (*20-25 minutos*).

BIBLIOGRAFIA COMENTADA

Dobson, James C. *O amor tem que ser firme: nova esperança para famílias em crise*. São Paulo: Mundo Cristão, 1983/1985. 166 páginas. Dobson trata do que fazer quando infidelidade, alcoolismo, espancamento de cônjuge e indiferença emocional atingem um **casamento**. Indica como desenvolver atitudes de coragem e confiança, em lugar de fraqueza e discórdia.

Eggerichs, Emerson. *Amor e respeito*. São Paulo: Mundo Cristão, 2008. 320 páginas.

_____. *Falar e ouvir*. São Paulo: Mundo Cristão, 2009. 352 páginas.

LaHaye, Tim; Phillips, Bob. *A ira: uma opção*. São Paulo: Vida, 1982/1983. 224 páginas. **O melhor livro que conheço sobre esse tema**. Esclarece que a ira é problema de todos, indicando como afeta nossa saúde física e mental. Esclarece as raízes, incluindo as diferenças segundo nossos temperamentos. Indica como lidar com sua ira, fontes de ajuda e como aproveitar a chave do perdão.

Langberg, Diane; Clinton, Tim. *Guia prático de aconselhamento pastoral*. Curitiba: Esperança. Capítulo "Raiva", (p. 341-351).

Langberg, Diane; Clinton, Tim. *Guia prático para o aconselhamento de mulheres*. Curitiba: Esperança, 2012. Capítulo "Raiva" (p. 341-351).

Miller, Kathy Collard. *Quando o amor se transforma em ira: uma ajuda para mães estressadas*. São Paulo: Candeia, 1985/1995. 183 páginas. Tem três capítulos específicos sobre como lidar positivamente com a ira, ajudando o leitor a examinar sua ira, entender suas causas e abrandá-la. Outras seções no livro tratam de recuperar a estima na autoimagem, o estresse, a disciplina dos filhos e, ao final, como reconstruir a si mesmo e a seu filho.

Seamands, David. *O poder curador da graça*. São Paulo: Vida, 1988/1990. 178 páginas. É dirigido a cristãos que, às vezes, são levados ao desespero e à frustração por causa da ansiedade, autocondenação e baixa autoestima. Rompe com o **legalismo** e com o **perfeccionismo** que muitas vezes impomos a nós mesmos. A graça pode passar de uma doutrina a uma realidade vivida!

Yancey, Phillip. *Decepcionado com Deus*. São Paulo: Mundo Cristão, 1988/1990. 224 páginas. Um dos autores mais profundos sobre o tema de **sofrimento**, Yancey trata de três perguntas da perspectiva de alguém que sofre: Deus é injusto? Deus está calado? Deus escondeu-se de mim?

5 ENTENDENDO A RAIZ DO MEDO

Se vocês se humilharem debaixo da mão poderosa de Deus, em sua ocasião oportuna Ele levantará vocês. Deixem com ele todas as suas preocupações e cuidados (ansiedades, medos e temores), pois ele está sempre pensando em vocês evigiando tudo o que se relaciona com vocês. Sejam cuidadosos, estejam vigilantes contra os ataques de Satanás, o grande inimigo de vocês. Ele ronda em volta, como um leão faminto, que ruge à procura de alguma vítima para estraçalhar.

1Pedro 5.6-8, BV

Deus é amor. Todo aquele que permanece no amor permanece em Deus, e Deus nele. Dessa forma o amor está aperfeiçoado entre nós, para que no dia do juízo tenhamos confiança, porque neste mundo somos como ele. No amor não há medo; ao contrário o perfeito amor expulsa o medo, porque o medo supõe castigo. Aquele que tem medo não está aperfeiçoado no amor.

1João 4.16b-18

AUTOAVALIAÇÃO DE SUA EXPERIÊNCIA DE "AMOR FUNDAMENTAL"

Quando somos criados sem amor fundamental, podemos reagir principalmente de duas formas: **ira e raiva**, *atacando* o mundo que não nos criou bem; ou **medo e temor**, *fugindo*, nos defendendo e nos escondendo. Na verdade, é provável que teremos uma mistura das duas reações, ainda que uma venha a predominar.

A autoavaliação abaixo é composta de três escalas relacionadas à nossa formação como crianças e adolescentes:

A. Afirmação verbal. Ouvir de seus pais frases como "Eu te amo!", "Você é tremendo", "Gosto de você", "É tão bom estar com você", "Minha querida".

B. Afeição física saudável. Receber beijos, abraços, sentar no colo, andar de mãos dadas etc.

C. Investimento pessoal. Ter um tempo pessoal com seus pais, fazendo o que você quer: esportes, brincando com bonecas, lendo histórias para você, indo ao shopping etc. Isso é diferente de eles convidarem você para fazer o que eles querem.

As escalas abaixo vão de 0 a 10. As notas negativas representam o oposto das descrições acima, por exemplo, abuso verbal mais do que afirmação verbal, abuso físico mais do que afeição física ou demandas sobre seu tempo para ajudar a sustentar a família ou cuidar das outras crianças, ao invés de investimento pessoal em você. Provavelmente, ajudará se você colocar duas notas em cada item, uma para seu pai e uma para sua mãe. Alguns têm uma certa tendência de projetar que seus pais eram amorosos, mesmo que não tenham sido. Procure ser objetivo, lembrando com que frequência você ouviu ou experimentou evidências do amor em cada uma dessas áreas. **Essa autoavaliação não questiona se seus pais amaram você. Sem dúvida, o amaram. Simplesmente irá avaliar o quanto você experimentou desse amor.**

Coloque uma média ao final de cada escala quanto a seu pai e sua mãe e depois some as três áreas (o total será entre -30 e 30). Uma nota de 21 a 30 indica que você recebeu bastante amor fundamental em sua formação; uma nota de 11 a 20 indica que houve algumas deficiências que podem ser sérias, dependendo de como você respondeu a elas e também a eventos posteriores como jovem e adulto. Uma nota menos de 10 indica que houve deficiências sérias que, provavelmente, têm deixado você com algumas feridas e o levado a desenvolver algumas defesas emocionais. Notas negativas indicam que você, provavelmente, tem raízes significativas de raiva e/ou medo e precisa de aconselhamento é restauração.

PARA ESTUDAR

Enquanto você lê, não se esqueça de sublinhar pontos importantes e colocar anotações na margem. Especialmente, coloque a palavra "Eu?" com um ponto de interrogação onde existe algo que possa estar relacionado a você.

Neste capítulo sobre o medo, parecido com o capítulo anterior sobre a ira, vamos responder de forma <u>introdutória</u> e <u>simples</u> a quatro perguntas:

A. O que é medo?
B. Por que ficamos com medo?
C. Quais os resultados do medo não resolvido?
D. Como lidar com nosso medo?

Se quiser se aprofundar nesse tema, consulte os livros recomendados no final do capítulo.

A. O QUE É MEDO?

Medo é o desejo sufocante de nos esconder, defender-nos ou fugir de algo (ou alguém) que nos incomoda ou nos ameaça.

Você pode perceber que essa definição é parecida com a definição da ira, no sentido de que os dois estão respondendo a "algo (ou alguém) que nos incomoda ou nos ameaça". Os dois são desejos. Mas enquanto a ira tem a tendência de arder, o medo tem a

80 Introdução à restauração da alma

tendência de sufocar. Enquanto a ira leva alguém a corrigir, atacar ou destruir, o medo leva a pessoa a se esconder, defender-se ou fugir.

Palavras sinônimas, parecidas ou ligadas ao medo seriam: preocupação, ansiedade, temor, timidez, covardia, apreensão, terror e pânico. Vejamos cada frase da definição com mais detalhe.

1. MEDO É UM DESEJO SUFOCANTE

O medo sufoca. Diminui nosso interesse, atração e energia. Decidimos não fazer coisas que, se não fôssemos amedrontados, faríamos. O constrangimento que o medo nos traz pode ser saudável, alertando sobre a possibilidade de nos machucarmos física ou emocionalmente.

Esse desejo sufocante não é maligno ou pecaminoso em si. É parte normal da vida humana, mesmo na vida de gigantes espirituais, como Paulo (1Co 2.3; 2Co 7.5-6). John Haggai, em seu livro *Como vencer o medo*, distingue entre três tipos de medo: o racional, o exagerado e o irracional. O primeiro é normal, os outros dois poderiam ser chamados de medos neuróticos.

Medo racional é um medo que é proporcional ao nível de perigo que o ameaça. Quando eu fui acordado por um chute, na casa de meu amigo pastor Gedimar, e vi um fuzil apontado para minha cabeça, o medo me fez responder rápida e prontamente ao ladrão. Minha adrenalina deu um pulo, meu coração começou a bater rápido e comecei a transpirar. Por uma hora inteira, estive amarrado e sendo ameaçado; havia uma sensação clara de perigo. Até senti um certo nível de pânico quando ameaçaram cortar meu dedo para tirar meu anel de casamento. Esse medo foi *racional*, porque foi proporcional ao nível de perigo que eu estava enfrentando. Eu sufoquei várias ideias de como atacar ou resistir aos ladrões. Esse medo me ajudou a reagir da forma certa, para eu não sofrer consequências piores. Medo racional é saudável e indispensável para nos proteger.

Um aspecto do medo racional é o temor de Deus, um respeito solene da santidade e do poder dele. Tanto o Antigo Testamento como o Novo nos chamam a temer a Deus (Dt 6.13-15; Js 4.24; Pv 1.7; Mt 10.28; 2Co 7.1; Ef 5.21; Fl 2.12; Hb 12.18-29; Tg 4.4-5). Esse temor ou medo não é de fugir dele, mas no sentido de fugir ou de nos defender de tudo que o desagrada: o pecado, o mundo e o diabo. Por exemplo: a Bíblia nos chama a fugir da impureza e da imoralidade sexual (1Co 6.18), da idolatria (1Co 10.14), do amor ao dinheiro (1Tm 6.10,11), das paixões da mocidade (2Tm 2.22). Devemos ter um "santo temor" (Hb 12.28) ou medo racional do pecado, sabendo da destruição que isso pode causar em nossas vidas e sabendo que nosso Deus é ciumento, tratando da amizade com o mundo como uma inimizade em relação a ele (Tg 4.4,5; 1Jo 2.15,16). Sufocamos as atrações do pecado, não dando nenhum espaço para elas.

Medo exagerado é baseado na realidade, mas é desproporcional ao nível de perigo que nos ameaça. Depois do roubo na casa do Gedimar, ele tirou sua família dali e se mudou para um apartamento na igreja. Tendo sofrido outro assalto anterior com a família em casa e três outros roubos quando estavam ausentes, Gedimar não aguentava mais. O medo que o levou a tirar a família da casa foi um medo racional. Mas o medo que ele sentiu nas semanas após o roubo foi terrível. Não conseguia dirigir com o vidro aberto. Não conseguia estudar, planejar, pregar ou fazer seu trabalho normal. Encontrava-se chorando, sem querer, não conseguia ter controle sobre suas emoções. Para complicar o assunto, no momento em que ele estava comprando um relógio para repor o que fora roubado, a relojoaria foi assaltada! Ele esqueceu-se da compra, saindo da loja ainda mais traumatizado.

O medo de Gedimar era baseado na realidade. Esse medo o levou a se proteger e a proteger a sua família. Mas também **houve um medo exagerado, que foi disfuncional. Paralisou-o, em vez de ajudá-lo. Acabou com ele, ao invés de dar-lhe energia para se defender.** Em parte, tal medo foi diminuindo com o passar do tempo, mas a cura dessa ferida só veio quando a nossa equipe de pastores que trabalha junto no discipulado teve a oportunidade de ministrar em oração para ele, seguindo os seis passos do capítulo onze deste livro.

Existe medo exagerado de Deus. O *saudável* temor a Deus nos leva a reverenciá-lo e respeitá-lo, e fazer o possível para nos afastar do pecado. Age com base no amor, querendo fazer o que agrada a Deus por amor a ele. O medo *exagerado* de Deus nos leva a não confiar nele, não acreditando que ele nos ama. Podemos obedecer-lhe, mas é porque temos medo da sua punição. Nós o vemos como um juiz autoritário e imprevisível que a qualquer momento pode nos punir. Até o mandamento de amá-lo é uma opressão, sendo algo que não conseguimos fazer de coração; assim, sentimo-nos até mais culpados e que Deus está justificado em não gostar de nós. No medo racional, a nossa alma é nutrida pelo temor saudável de Deus, enquanto no medo exagerado nossa alma é desgastada.

O terceiro tipo de medo, o medo irracional, não tem base na realidade atual da qual estamos conscientes. É ter medo de algo que não existe. Por exemplo: não entrar em um quarto escuro por medo de fantasmas. Ligadas ao medo irracional são as fobias e paranoias. Podem ser medos impessoais, como o medo de altura, de escuridão (Sl 91.5,6) ou o medo de estar em lugares fechados com muitas pessoas. Débora tem uma amiga cujo marido se convenceu de que havia pessoas querendo matá-lo. Não havia evidências disso, mas ele estava convencido. Esse medo (paranoia) o desestruturou. A igreja, não compreendendo, achava que era problema espiritual e que ele precisava se arrepender. Afastado da igreja, chegou o dia em que ele, pelo medo que sentia, se recusou a sair do trabalho. Por alguns meses, a esposa levou comida para ele e o chefe permitiu que ele dormisse lá. Ele foi perdendo contato com a realidade e teve de ser hospitalizado e medicado. Hoje, com a ajuda da medicação, ele consegue ficar em casa, mas não sai. É um caso extremo, mas acontece. Em casos assim, precisamos de profissionais para ajudar a pessoa e de igrejas compreensivas para dar apoio à família.

Existem outros medos irracionais que são pessoais. Baseiam-se na experiência pessoal de viver um pesadelo. Pode ser o pesadelo de um envolvimento ativo no espiritismo; ou o pesadelo de ter sido criado num lar violento, onde o pai ou a mãe explodia de forma imprevisível; ou o pesadelo de estar traumatizado desde o nascimento (alguns dizem que pode ser até mesmo no ventre materno) por um espírito de rejeição. Às vezes, uma mulher vive um pesadelo de terror no lar que ela não quer passar para uma vida inocente. Está grávida, mas não desejava que essa criança fosse concebida, pois não tem a menor condição de providenciar o amor fundamental de que essa criança precisa. No caso de haver abuso verbal, físico ou sexual da parte de seu marido contra a criança, ela pode nem ter condições de interferir. E uma criança que cresce nesse ambiente acaba tendo um medo que pode dificultar o desenvolvimento de sua personalidade, deixando-a com sequelas quando for adulta.

O medo facilmente se torna pecaminoso. Isso acontece quando:

A. Começamos a *duvidar* do caráter de Deus, duvidando que o amor e o poder dele sejam maiores do que nossos problemas.
B. *Fugimos* para dentro de nós mesmos e não para Deus. Em vez de encontrar nosso esconderijo nele, criamos nossos próprios esconderijos, defesas ou estratégias de autopreservação. Isso tem sido comum desde Adão e Eva, que fugiram e se esconderam no jardim do Éden.
C. *Alimentamos* nosso medo, e junto com ele, ódio, ressentimento, amargura... Ficamos remoendo nossos problemas e ansiedades, ao invés de levá-los a ele. Nos nutrimos mais das perspectivas humanas sobre nossos "direitos" do que da perspectiva dele.

2. O MEDO FOGE, SE DEFENDE OU SE ESCONDE

A atitude de fugir, se defender ou se esconder é saudável, se for expressa na proporção do perigo. Tomar medidas normais para evitar andar à noite sozinho em lugares perigosos, trancar bem as portas e janelas da casa, não cruzar uma avenida grande quando houver muito trânsito, não tomar água de um copo de alguém que tem gripe, não atacar ou contradizer nosso chefe em público são alguns dos muitos exemplos diários de medo saudável. Em todos os casos, um medo saudável pode tornar-se exagerado se as medidas que tomamos para evitar o perigo forem exageradas, indo além do que o perigo merece.

3. O MEDO É UMA RESPOSTA A ALGO (OU ALGUÉM) QUE NOS INCOMODA OU NOS AMEAÇA

Assim como indicamos no caso da ira, precisamos discernir se o que nos incomoda ou ameaça reflete algo que Deus quer mudar em nós ou se a fonte do problema está fora de nós e precisa ser corrigida, mudada ou, possivelmente, evitada.

Lembro-me, por exemplo, de uma ocasião em que um amigo estava sendo atacado, verbal e fisicamente, por três outros adolescentes de sua turma na escola. Depois de conversar com a professora, com a administração e com um conselheiro, os pais dele decidiram que uma das melhores estratégias para superar o problema seria ele não ficar a sós com esses três rapazes. A resposta saudável, nesse caso, foi uma medida de fuga. Meu amigo teve um medo racional. Ao mesmo tempo, ele lidava com um medo exagerado ou irracional de que era inferior aos outros meninos de sua turma, apesar de ter excelentes notas. Ele não era um bom atleta, e era isso que os colegas valorizavam. A atitude de inferioridade não é simples de resolver. Trataremos mais disso no capítulo sete sobre autoimagem.

B. POR QUE FICAMOS COM MEDO?

Gary Collins, no livro *Aconselhamento cristão*, trata da ansiedade ou medo no capítulo cinco (p. 51-62). Ele indica que **ficamos com medo quando**:

1. *Existe perigo*: Algo ou alguém nos ameaça física ou emocionalmente ou ameaça nossos entes queridos. Sentimos medo quando confrontados por criminosos, pessoas violentas, doenças inexplicáveis ou até em visitas ao médico ou dentista! Na verdade, existe perigo em cada oportunidade que a vida oferece: no sucesso, ao enfrentar o futuro, na intimidade e em dezenas de outras situações.

2. *Nossa autoestima é ameaçada.* Qualquer coisa que ameaça nossa imagem ou implica diante de outros ou de nós mesmos que não somos competentes pode criar medo. Esse medo aparece quando enfrentamos o fracasso, quando sentimos a falta de propósito na vida, quando não experimentamos amor e em muitas outras ocasiões, dependendo, em parte, de nosso nível de segurança emocional.

3. *Experimentamos separação.* Quando pessoas de grande importância para nós nos deixam ou nos rejeitam, é normal nos sentirmos preocupados em estar sozinhos e enfrentar um futuro incerto. Isso acontece quando há morte, divórcio, mudanças geográficas ou de trabalho ou outras separações.

4. *Existe influência inconsciente.* Acontecimentos leves ou normais provocam reações exageradas quando atingem alguma raiz de medo que vem de nosso passado: necessidades fundamentais insatisfeitas ou feridas e traumas não curados.

5. *Experimentamos conflito.* O conflito pode estar dentro de nós, com outra pessoa ou até entre outras pessoas que são importantes para nós. Acontece a cada dia com base em simples diferenças

individuais, prioridades que precisamos definir e decisões que precisamos tomar.

Normalmente, nosso medo é saudável enquanto ninguém mexe com feridas do passado. Quando essas feridas são atingidas, nosso medo facilmente torna-se exagerado ou até irracional. Em tais casos, psicólogos ou psiquiatras podem ser de bastante ajuda para entender a raiz do medo (ou ira).

C. QUAIS OS RESULTADOS DO MEDO NÃO RESOLVIDO?

O que acontece quando o medo encontra um espaço para morar em nosso coração? Hospedar medo traz consequências, algumas das quais já foram indicadas no capítulo anterior como possíveis resultados da ira: um controle rígido e perfeccionista, a negação ou repressão e a depressão. Outras consequências do medo incluem:

1. Desgaste emocional.
2. Esgotamento.
3. Desanimar ou esgotar outros.
4. O sentimento de isolamento.
5. Bloqueio emocional.
6. Perder contato com a realidade.

O medo nos sufoca e nos desgasta. Requer energia para manter as defesas contra o que nos ameaça. Se continuar por muito tempo, a tendência é desanimarmos, diminuindo nossa habilidade de responder ao estresse (tema do capítulo oito), e possivelmente alimentarmos um sentido de inferioridade (tema do capítulo sete). Se o medo não resolvido se estende de uma área de nossa vida para outras, pode acabar derrotando-nos, levando-nos à depressão (tema do capítulo seis), que na pior das hipóteses pode conduzir ao suicídio.

Os que não sabem como dizer "não" a outros estão sendo escravizados e esgotados pelo medo. Às vezes, têm um desejo doentio de ser aceitos, temendo que outros não gostarão deles se disserem "não". Esse medo de rejeição é comum e profundo. Outras vezes, eles têm uma necessidade doentia de sentir que são a (única) salvação para as pessoas, temendo que elas não receberão as bênçãos de Deus se não for por meio deles. (Isso se chama Complexo Messiânico.) Precisam dizer sim a todos, ainda quando sabem que não têm condições de cumprir a palavra.

Lembro-me de alguém que, constantemente, queixava-se da loucura de sua vida, do número de pessoas que o assediavam pedindo ajuda e das poucas horas de sono. Mas qualquer sugestão quanto a diminuir o ritmo e cortar as atividades foi rejeitada. Nesse caso, é comum a pessoa ter uma crise emocional, espiritual ou física que a afasta do ministério por algum período. Deus leva muito a sério o mandato de descansar um dia por semana (Gn 2.3; Ex 20.8-11). Na Bíblia, os que não levaram Deus a sério nesse assunto sofreram consequências terríveis (Lv 26.31-35; 2Cr 36.17-21).

O medo não resolvido, assim como a ira, acaba desanimando ou esgotando outros. Ouça a advertência aos líderes de Israel: "*Mais uma coisa: algum soldado está com medo? Que vá embora para casa, antes que o medo e a covardia contagiem os demais!*"(Dt 20.8). Foi com base nisso que Gideão mandou dois terços de seu exército voltar para casa (Jz 7.3). A pessoa com o espírito de medo pode contagiar outros, como também outros podem se cansar procurando carregá-la. Isso pode acontecer especialmente com o cônjuge de alguém disfuncional. Se não tiver um bom grupo de apoio fortalecendo-o, encorajando-o e acompanhando-o, ele pode se esgotar. Até o pastor de uma igreja pode se esgotar se houver demasiadas pessoas carentes e poucas pessoas para ajudá-las.

O medo nos faz sentir isolados e solitários. Foi tal medo que Elias sentiu quando reclamou duas vezes diante de Deus que "*os filhos de Israel deixaram a tua aliança, derribaram os teus altares, e mataram os teus profetas a espada, e eu fiquei só, e procuram tirar-me a vida*"(1Re 9.10,14). Depois da grande vitória de matar quatrocentos profetas de Baal no monte Carmelo, Elias fugiu com medo de uma mulher, a rainha Jezebel (vv. 2-3). O medo abriu a porta para a depressão, uma depressão tão profunda que Elias pediu para Deus lhe tirar a vida (v. 4). No meio de sua depressão, ele achava que estava totalmente sozinho. Deus teve de lembrá-lo de que havia sete mil fiéis além dele (v. 18).

Ficando isolados, somos alvos fáceis para Satanás. O medo não resolvido pode nos destruir, separando-nos mais e mais das pessoas que amamos.

O medo arraigado pode ser uma expressão de um bloqueio emocional. Erik Erikson indica que em cada estágio da vida precisamos superar um certo desafio. A primeira etapa é ganhar um alicerce de confiança ou desconfiança básica. Alguém que fica traumatizado quando criança cresce com desconfiança básica. Precisará de um tratamento profundo de aconselhamento ou restauração para voltar a recuperar sua capacidade de confiar.

Pode parecer incoerente, mas pessoas que são controladoras, dominadoras e até manipuladoras frequentemente agem assim por causa de uma forte raiz de medo e insegurança profunda. Imagine a criança que nasce num lar com pessoas alcoólatras, onde falta segurança e cuidados básicos. Num ambiente perigoso e imprevisível, a criança logo aprende a tomar para si todo o controle possível. Se esforça ao máximo, na tentativa de garantir para si (e para seus irmãos) algum nível de estabilidade, que os adultos responsáveis não providenciam. Vemos que, mesmo dando resultados positivos em um sistema familiar disfuncional, esse padrão de comportamento, estabelecido como habitual, não funciona no mundo afora.

A raiz do medo pode ser tão profunda que a própria pessoa nem sabe mais *por que* tem de controlar as pessoas e circunstâncias a seu redor. Basta alguém tentar confrontar ou amenizar a sua posição dominadora para a pessoa explodir de raiva. Mas a verdadeira raiz não é propriamente a ira e sim um medo aprendido na infância — medo das possíveis consequências drásticas de um relaxamento de controle.

O medo arraigado nos leva a perder contato com a realidade. *"Quem tem medo das reações dos homens faz planos mentirosos para escapar; quem confia em Deus vive tranquilo pois sabe que está bem protegido"* (Pv 29.25, BV). Esses planos mentirosos são o que chamamos de mecanismos de defesa ou estratégias de autopreservação, comentados no livro de LaHaye e Phillips. São barreiras que protegem a pessoa da realidade, mas ao mesmo tempo a impedem de manter contato com a realidade. Quanto maior for a barreira, mais se perde o contato com a realidade. Às vezes é necessário tomar medicamentos para conseguir se reequilibrar. Na pior das hipóteses, a pessoa acaba precisando ser hospitalizada.

D. COMO LIDAR COM NOSSO MEDO?

Vimos acima os resultados negativos de não conseguirmos superar nosso medo. Não fomos criados para andar sob medo. Nossa estrutura não aguenta isso por muito tempo. **Precisamos fazer três coisas com nosso medo: entendê-lo, expressá-lo e resolvê-lo.**

1. ENTENDA SEU MEDO

Existem três raízes do medo. Em primeiro lugar, podemos sentir medo normal e saudável, que nos protege de algo perigoso. Nesse caso, podemos agradecer a Deus por alertar-nos quanto à necessidade de fugir, nos defender ou nos esconder nele.

Em segundo lugar, podemos sentir medo exagerado ou irracional, que nos paralisa e debilita. Esse medo geralmente tem sua raiz no passado. É como um alarme soando, chamando nossa atenção para o tratamento e cura dessa raiz. Precisamos entender o que está por trás do medo para poder superá-lo.

Em terceiro lugar, podemos sentir medo ou ansiedade quando estamos desobedecendo a Deus. Um teste normal de estar na vontade de Deus é a paz que governa nossos corações (Fp 4.6,7). Desobediência tira a paz e abre a porta para o medo. Deus até permitiu que um espírito de medo dominasse seu povo, como castigo pela desobediência (Lv 26.36,37). Especialmente onde houve idolatria e envolvimento com demônios Deus abandonou seu povo, deixando o medo facilmente dominá-lo (Dt 32.17,30; Js 7.5). Por isso, o rebelde é assediado pelo medo (cf. Jó 15.20-24;18.11, BV).

A desobediência leva ao medo, mas o medo também leva à desobediência. O medo arraigado pode ser uma expressão de falta de confiança em Deus (cf. Fp 4.6-7). Segundo Oswald Chambers:

> Andar ansiosos significa que achamos que Deus não é capaz de cuidar dos detalhes práticos de nossa vida, e é sempre isso que nos preocupa. Lembra o que foi que Jesus disse que sufocaria a sua palavra em nós? O diabo? Não; os cuidados deste mundo. São sempre as pequeninas preocupações. Quando não posso ver, não confio, e é aí que começa a infidelidade. A única maneira de se curar a infidelidade é a obediência ao Espírito (*Tudo para Ele*, p. 113).

2. EXPRESSE SEU MEDO

Assim como indicamos no caso da ira, é muito importante expor o que estamos sentindo sem acusar o outro de ser responsável por nossas emoções. Temos denos responsabilizar por elas e encontrar o ambiente onde podemos expressá-las livremente. Isso pode ser feito através de um grupo de apoio, seu diário espiritual — onde você se expressa a Deus — um bom amigo, um conselheiro, seu cônjuge ou alguém de uma equipe de restauração. O importante é encontrar alguma forma e alguém com quem possa se expressar. Sem se expressar, será difícil passar para o terceiro passo: resolver seu medo.

3. RESOLVA SEU MEDO

Nosso medo, muitas vezes (possivelmente na maioria das vezes), se baseia em alguma mentira ou meia verdade de Satanás. Precisamos desvendar as mentiras de Satanás. As coisas negativas que falamos para nós mesmos, geralmente, não são verdadeiras e não vêm de Deus. Uma forma de filtrar esses pensamentos e verificar se vêm de Deus é dizer "Meu pai no céu, que me ama, me diz..." e então acrescentar algum pensamento que está ressoando em sua mente. Se não se encaixa, soa ruim e discordante, então não vem de Deus. Por exemplo: uma esposa de pastor sempre foi chamada de "burra" quando criança. E agora, como adulta, há momentos em que começa a se punir, chamando-se desse nome. Se ela fizesse o teste acima, diria: "Meu pai no céu, que me ama, me chama de 'burra'". A discordância é óbvia. Fica patente que o pensamento é uma mentira, e a fonte da mentira também fica revelada.

Entendendo seu medo e a raiz dele, entregue-o a Deus.

> Entregue todas as suas preocupações ao Senhor. Ele levará o peso dos seus problemas. Deus nunca deixa o justo tropeçar e cair
> Salmos 55.22, BV.

> Lancem sobre ele (Deus) toda ansiedade, porque ele tem cuidado de vocês
> 1Pedro 5.7.

Se a raiz do medo for profunda, você pode precisar de aconselhamento com um psicólogo e de cura emocional por meio da oração de uma equipe de restauração. Como indicamos no começo do livro, dependendo da profundidade da raiz ou das raízes, o aconselhamento e/ou a cura podem demorar. Lembrando da definição de restauração, podemos ver quatro passos a serem tomados quanto a nosso medo. A alma ferida se restaura por meio de:

1. Reconhecer nossas feridas, defesas e responsabilidades.
2. Experimentar Jesus levando sobre si essas feridas.
3. Receber o perdão e a libertação de Deus;
4. Poder transmitir o mesmo para os que nos machucaram e abusaram de nós.

Quando nosso medo é pecaminoso, demonstrando falta de confiança em Deus, precisamos nos arrepender, o que está embutido no terceiro passo acima. Nas páginas 83-84, indicamos três formas em que o medo facilmente se torna pecado. Quando reconhecemos nosso pecado, precisamos pedir que Deus nos revele quanto esse pecado tem custado e doído a ele. O quebrantamento de nosso coração é parte integral da restauração.

Havendo passado por um processo de restauração que inclui o arrependimento, **precisamos de um discipulado para ajudar-nos a repor atitudes positivas onde houver negativas,** palavras positivas onde houver negativas. Se não fortalecermos essa área fraca de nosso caráter e personalidade, facilmente cairemos no mesmo problema. Alguém que é mais maduro no Senhor e que entende nossa necessidade pode trabalhar conosco ajudando-nos a desenvolver disciplinas e atitudes positivas que tomem o lugar do velho padrão. Não é por acaso que o chamado para estar sob autoridade espiritual (1Pe 5.6) está junto com o imperativo de lançar todas nossas preocupações sobre Deus (1Pe 5.7). E isso está no contexto de que Satanás, como leão faminto, está procurando quem ele pode devorar (1Pe 5.8).

Em resumo, nosso medo precisa ser entendido, expressado e resolvido, senão, pode acabar nos destruindo e contagiando os outros ao nosso redor, especialmente nossos filhos. Se você tem filhos, vale a pena voltar à autoavaliação no começo do capítulo e fazê--la de novo, agora avaliando a si mesmo. Isso lhe dará alguma ideia do quanto você está conseguindo passar amor fundamental a seus filhos. Se recebemos uma herança emocional fraca, graças a Deus não precisamos passar isso para nossos filhos. Podemos ser bênçãos na vida deles ao recebermos a restauração que Deus quer nos dar. Dentro dessa cura, experimentamos o amor fundamental do Pai e podemos então passar o mesmo para nossos filhos. Aleluia!

> Instrutor: repasse a tarefa para a próxima semana e então divida os participantes em grupos, como na semana passada.

TAREFA PARA O PRÓXIMO ENCONTRO

1. Faça a autoavaliação no começo do próximo capítulo e leia a seção "Para estudar", sublinhando os pontos importantes e fazendo anotações nas margens.
2. Faça um diário espiritual sobre Salmos 77.1-10, respondendo a duas perguntas:
a) O que Deus está me dizendo?
b) O que vou fazer com base nisso? (aplicação)
3. *Opcional, se houver tempo*: Anote versículos que nos ajudam a entender melhor a depressão e a superá-la.

PERGUNTAS PARA REFLEXÃO E DISCUSSÃO

1. Reserve dez minutos para escrever a Deus o que você está sentindo ou use sua imaginação santificada para escrever o que você sente que Deus pode estar falando a você agora.

_____

_____

_____

_____

92   Introdução à restauração da alma

_____

_____

_____

_____

_____

_____

_____

_____

_____

_____

_____

_____

_____

_____

_____

_____

_____

2. Compartilhe com seu grupo uma das coisas que mais mexeu com você neste estudo. Se você escreveu uma oração sobre isso, fique à vontade para lê-la a seus companheiros (*30-35 minutos*).
3. *Opcional*: Compartilhe com base na sua autoavaliação. Se alguém no grupo tem uma necessidade séria que quer compartilhar, use o restante do tempo para ouvi-lo e ministrar a ele (a).
4. Terminem a sessão compartilhando pedidos de oração e orando juntos (*20-25 minutos*).

BIBLIOGRAFIA COMENTADA

Veja os livros comentados ao final do capítulo quatro (p. 76). A maioria deles está relacionada tanto ao tema da ira como ao tema do medo. Outros livros ligados ao medo incluem:

COLLINS, Gary R. "Ansiedade" (p. 51-62), *Aconselhamento cristão*. São Paulo: Vida Nova, 1980/1984. Esse é o melhor resumo sobre o tema que conheço. Veja o comentário na página 32.

HAGGAI, John. *Como vencer o medo: uma fórmula prática para a vida vitoriosa*. São Paulo: Mundo Cristão, 1987/1988. 157 páginas. Esse livro é o único que conheço escrito completamente sobre o tema do medo. Boa visão panorâmica, ainda que não se aprofunde nos assuntos emocionais.

LANGBERG, Diane; Clinton, Tim. *Guia pratico para o aconselhamento de mulheres*. Curitiba: Esperança, 2012. Capítulo "Medo" (p. 285-294).

LUCADO, Max. *O fim da ansiedade*. São Paulo: Thomas Nelson, 2017.

McCLUNG, Floyd. *O imensurável amor de Deus: a compaixão divina em face do sofrimento humano)*. São Paulo: Vida. 1985/1990. 95 páginas. Expõe o amor paterno de Deus que tira todo medo. Veja o comentário na página 33.

SWINDOLL, Charles R. *Vivendo sem máscaras: como cultivar relacionamentos abertos e leais*. Belo Horizonte: Betânia, 1983/1987. Trata de como devemos cultivar relacionamentos abertos, sinceros, significativos e leais. Contém boas perguntas no final de cada capítulo que podem servir para tarefas e discussão nos encontros.

6 ENTENDENDO A DEPRESSÃO

> *Eu clamo ao Senhor; em alta voz falo com Deus, procurando a sua ajuda. Estou cercado de problemas (no dia da minha angústia [RA]), e por isso peço ajuda ao Senhor. Oro a Ele noite adentro sem parar! Para mim não haverá alegria, até que Deus me tire desta situação difícil. Lembro-me de Deus, penso nele e começo a gemer, com o coração pesado, esperando ansiosamente a sua ajuda. Por sua causa não consigo dormir, esperando sua ajuda. Estou tão confuso e perturbado, que nem consigo falar!*
>
> *Fico lembrando os velhos tempos, coisas gostosas que aconteceram no passado. Lembro as canções alegres que eu cantava à noite. Penso muito, examinando o meu espírito. Será que o Senhor me abandonou para sempre? Será que nunca mais vai se agradar de mim? Teria acabado completamente o seu amor fiel e cuidadoso? Será que as suas promessas eternas perderam o valor? Será que Deus se esqueceu de mostrar compaixão? Será que Ele ficou tão zangado que não quer mais dar sua misericórdia a mim? Então pensei comigo mesmo: "Este deve ser o meu problema (a minha aflição [RA]): pensar que o Grande Deus mudou e deixou de amar seu povo".*
>
> Salmos 77.1-10, BV

AUTOAVALIAÇÃO DE SEU NÍVEL DE DEPRESSÃO

John White, no seu livro *As máscaras da melancolia*, inclui três inventários ou escalas para medir a depressão. Aqui estou citando a mais simples, a escala de Zung, baseada nos sintomas de pacientes deprimidos. A escala consiste de vinte declarações, sendo dez positivas e dez negativas. Ao lado das declarações há quatro colunas intituladas: Quase nunca, Algumas vezes, Boa parte do tempo e A maior parte do tempo. Nas perguntas negativas, a tabela dá um ponto para Quase nunca e um ponto adicional para cada coluna seguinte. Nas perguntas positivas, os pontos são concedidos inversamente. Preencha a autoavaliação agora.

Escala de Zung para autoavaliação da depressão

	Quase nunca	Algumas vezes	Boa parte do tempo	A maior parte do tempo
1. Sinto-me abatido e triste.	1	2	3	4
2. De manhã é quando me sinto melhor.	4	3	2	1
3. Tenho crises de choro ou tenho vontade de chorar.	1	2	3	4
4. Tenho dificuldades em dormir à noite.	1	2	3	4
5. Como tanto quanto comia antes.	4	3	2	1
6. Continuo gostando de sexo.	4	3	2	1
7. Percebi que estou perdendo peso.	1	2	3	4
8. Tenho problemas de prisão de ventre.	1	2	3	4
9. Meu coração bate mais depressa do que antes.	1	2	3	4
10. Fico cansado sem motivo algum.	1	2	3	4
11. Minha mente está lúcida como antes.	4	3	2	1
12. Acho a mesma facilidade de antes para fazer as coisas.	4	3	2	1
13. Sinto-me inquieto e não consigo ficar parado.	1	2	3	4
14. Tenho esperanças em relação ao futuro.	4	3	2	1
15. Sinto-me mais irritado do que de costume.	1	2	3	4
16. Acho fácil tomar decisões.	4	3	2	1
17. Sinto-me útil e necessário.	4	3	2	1

	Quase nunca	Algumas vezes	Boa parte do tempo	A maior parte do tempo
18. Minha vida é bastante compensadora.	4	3	2	1
19. Acho que seria bom para os outros se eu morresse.	1	2	3	4
20. Continuo gostando das coisas em geral como antes.	4	3	2	1

Anote suas notas na margem direita e some-as. As notas devem ser interpretadas desta forma:

20-22: Você é supersaudável (ou está se enganando!).

23-29: Você está sentindo algum estresse.

30-39: Você está sendo enfraquecido constantemente por um nível baixo de depressão (ou esgotamento) e precisa de alguma ajuda ou, no caso de esgotamento, de algumas mudanças sérias em sua vida.

40-59: Você está sendo seriamente debilitado pela depressão (ou esgotamento) e precisa de aconselhamento e ajuda espiritual.

60-80: Você está sendo praticamente paralisado pela depressão (ou esgotamento) e precisa de aconselhamento e ajuda espiritual urgente e profunda, provavelmente precisando de terapia profissional e/ou tratamento sério em relação a restauração.

PARA ESTUDAR

Enquanto você lê, não se esqueça de sublinhar pontos importantes e colocar anotações na margem. Coloque a palavra "Eu?" com um ponto de interrogação onde existe algo que possa estar relacionado a você.

Neste capítulo sobre a depressão, como nos capítulos anteriores, vamos responder de forma introdutória e simples a quatro perguntas:

A. O que é depressão?
B. Por que ficamos deprimidos?
C. Quais os resultados da depressão?
D. Como superar a depressão?

Se quiser se aprofundar nesse tema, consulte os livros recomendados no final do capítulo.

A. O QUE É DEPRESSÃO?

A depressão tem sido chamada de "gripe" da psicologia, por ser tão frequente e comum. A depressão é reconhecida por muitos como a reação emocional dominante de nossa época, chegando às raias da epidemia. Outros têm chamado nossa época de "era da melancolia". Gary Collins diz que a depressão é considerada "o sintoma psiquiátrico mais comum", encontrado tanto em caráter temporário "na pessoa normal que passou por uma grande decepção" como na "profunda depressão suicida do psicótico" (1984:73).

A depressão é tão comum e tão complicada que é difícil definir. A maioria dos livros que trata da depressão, da ira ou do medo não define essas palavras. John White, em seu excelente livro *As máscaras da melancolia*, discute a definição da depressão através de várias páginas, mas não a define! Ele explica que é tão complexa que toda definição acaba sendo simples demais. É mais fácil descrever os sintomas da depressão, como na autoavaliação acima, do que defini-la.

Então, como leigo (quanto à psicologia), estou oferecendo a definição abaixo. Tem suas limitações: talvez você encontre uma forma de melhorá-la. Uma boa definição do que é depressão nos ajuda a entendê-la, dando-nos uma visão mais clara.

> **Depressão é o peso emocional esmagador de sentir-se sem esperança e incapaz de lidar com a vida.**

Uma pessoa deprimida provavelmente irá se identificar com essa definição. Outras pessoas, lendo a definição, vão descobrir que estão em depressão e não sabiam! Agora, vamos ver cada frase da definição um pouco mais detalhadamente.

Entendendo a depressão **99**

1. DEPRESSÃO É UM PESO EMOCIONAL ESMAGADOR

No segundo capítulo, comentei sobre minha primeira depressão aos 27 anos, quando a faculdade evangélica onde estava ensinando não renovou meu contrato para o ano seguinte. Trabalhando com o chefe do departamento de pós-graduação em Educação Cristã, desenvolvemos um modelo revolucionário de treinamento de futuros ministros. Esse modelo centrava-se na igreja local, no discipulado, no modelo de treinamento dos primeiros séculos e em habilidades comprovadas, e não somente em aulas teóricas. Meu sonho morreu, como também algo em meu coração. **Meu sentido de propósito na vida sumiu.** Eu chegava a meu escritório tendo muito para fazer: aulas para preparar, artigos para escrever, tarefas para corrigir e encontros para marcar com estudantes. Mas, dia após dia, eu fechava a porta, desligava a luz (para que ninguém me procurasse) e deitava no carpete. Não tinha energia para fazer nada. Era como se eu estivesse carregando um peso além de minha capacidade.

A depressão suga nossa energia emocional. Meu Q.I. não mudou. Meus dons espirituais não sumiram. Poucas pessoas na faculdade sabiam que eu estava passando por essa depressão. Mas foi difícil aguentar aqueles meses seguintes, até que Deus abriu uma porta para um novo emprego, o qual me deu uma nova visão.

Essa depressão pode ser bem diferente da sua ou de alguém que você conhece. Comentarei um pouco mais sobre as várias causas da depressão na seção seguinte, esclarecendo que a depressão é complexa.

A depressão não é maligna ou pecaminosa em si. É parte normal da vida humana, mesmo na vida de gigantes espirituais. Considere, por exemplo, **os Salmos** 6; 31.9-13; 42; 69.1, 2, 3, 20; 77.1-9; 88; 102; 107; 109.22-25. A palavra *depressão* não se encontra na Bíblia; a mais próxima seria *aflição*. A *Nave's Topical Bible*, que cita versículos e passagens da Bíblia segundo diversos temas, dedica trinta páginas ao tema aflição! Livros inteiros lidam com a depressão. **Jó** descreve sua dor por haver perdido quase tudo, estar sofrendo de uma doença terrível e estar rodeado por uma esposa e amigos que o condenavam injustamente. **Eclesiastes** expressa o coração de uma pessoa deprimida e distante de Deus, agnóstica, e quase ateia. **Lamentações** descreve uma depressão coletiva, um grito de dor demonstrando o final da es-

100 Introdução à restauração da alma

perança dos judeus, quando o templo foi queimado. Até sua estrutura expressa a dor, contendo cinco poesias que seguem o padrão dos hinos fúnebres hebraicos. Em outros pontos da Bíblia, **Moisés** (Nm 11.10-15), **Elias** (1Rs 19) e **Jonas** (Jn 4.1-3) chegam a tal desespero que pedem a Deus para tirar-lhes a vida.

Gary Collins cita **Jesus no Getsêmani**, onde mostrou-se grandemente aflito; seus sentimentos são descritos em palavras pungentes pela *Amplified Bible*: "*Ele começou a mostrar grande aflição e tristeza íntima, e estava profundamente deprimido. A seguir, disse a eles: Minha alma está cheia de pavor e tristeza, a ponto de morrer...*" (Mt 26.37,38). Collins conclui:

> **Tais exemplos, acompanhados de numerosas referências à dor do sofrimento, mostram o realismo que caracteriza a Bíblia.** Mas este desespero realista é contrastado com uma certa esperança. Cada um dos crentes que afundou na depressão, eventualmente livrou-se dela e experimentou uma alegria nova e duradoura. A ênfase bíblica é menor no que se refere à depressão, demorando-se mais na fé em Deus e na certeza de uma vida abundante no céu, caso não seja até mesmo nesta terra. A oração confiante de Paulo a favor dos Romanos irá algum dia ser respondida para todos os cristãos: "*E o Deus da esperança vos encha de todo o gozo e paz no vosso crer, para que sejais ricos de esperança no poder do Espírito Santo*" (Rm 15.13, RA). (*Aconselhamento Cristão*, p. 74.)

2. DEPRESSÃO É SENTIR-SE INCAPAZ

A sensação de sentir-se incapaz parece ser comum a quase todos os casos de depressão. Existem muitas áreas nas quais podemos nos sentir incapazes: manter um bom emprego; amar e ser amado; enfrentar a vida depois da morte do cônjuge; viver uma vida cristã vitoriosa; ver um futuro esperançoso etc. Quase todas as depressões parecem estar ligadas ao sentimento de incapacidade de lidar com a vida, seja a depressão com base em *fatores físicos*; a depressão reativa que responde a *fatores exteriores* como o desemprego; a depressão voltada para dentro *com raízes no passado*; ou a depressão *aguda*, que surge pela perda de algo ou alguém importante, ou pela traição.

3. DEPRESSÃO É SENTIR-SE SEM ESPERANÇA

Paulo diz que todos os dons passarão, mas três qualidades permanecem: a fé, a esperança e o amor, sendo o maior deles o amor

(1Co 13.8,13). Sem amor, tudo o que fazemos não vale nada para nós (1Co 13.1-3). Sem fé, é impossível agradar a Deus (Hb 11.6) ou ter uma vida espiritual (Rm 14.23; 2Co 1.24). A fé é fundamental na cura (Mt 8.10-13; 9.2,22,29; 15.28) e foi a área para a qual Jesus mais chamou a atenção dos discípulos (Mt 6.30; 8.26; 14.31; 16.8; 17.20). Então, **amor e fé são fundamentais na vida cristã**. E a esperança? A esperança é a Cinderela do trio. Negligenciada, mal compreendida, mas tão fundamental para a saúde emocional e espiritual como as outras duas qualidades. Perdendo a esperança, entramos em depressão. E se a falta de esperança permanecer por muito tempo, será difícil manter-se vivo.

O que é esperança? Esperança é a ardente e inabalável expectativa de receber algo ainda não visível, mas garantido (Rm 8.18-25). Cristo em nós, a esperança da glória (Cl 1.27), é a base para todo nosso esforço (Cl 1.28-29).

Qual a diferença entre fé e esperança? Fé é o *conteúdo* do que cremos; esperança é a *atitude* com a qual aguardamos a realização de nossa fé. Todo crente bem instruído acredita que Jesus voltará de novo. Até os demônios acreditam nisso. Têm fé. Mas relativamente poucos crentes têm esperança de que ele volte logo. Essa esperança nos transforma, santificando-nos e purificando-nos (1Jo 3.2-3).

Se estamos sem esperança, perdemos algo fundamental para sermos criaturas segundo a imagem de Deus. Sem esperança, perdemos a qualidade de sermos seres humanos; degradamo-nos a viver sem espírito, chegando a viver mais como um simples animal que tenta sobreviver, ou uma máquina que trabalha sem sentir propósito, significado ou alegria em viver. A falta de esperança literalmente se traduz em desespero. O desespero profundo facilmente passa para a morte emocional, que por sua vez pode caminhar na direção da morte física ou do suicídio.

4. DEPRESSÃO É SENTIR-SE INCAPAZ DE LIDAR COM A VIDA

Quando enfrentamos alguma atividade na qual, no passado, não nos saímos bem, sentimo-nos incapazes. Facilmente pode surgir uma pequena depressão quando precisamos enfrentar esse problema. Às vezes, descobrimos que estamos criando defesas para não encará-lo, fugindo do problema, passando-o para frente, esquecendo dele. Por exemplo: eu sou péssimo para consertar carros ou problemas elétricos, de encanamento etc. Existem ocasiões em que o simples fato de pensar em ter que consertar alguma coisa me deixa deprimido. Muitas pessoas também sentem esse mal-estar ou queda nas emoções quando têm de enfrentar uma nova situação que requer alguma habilidade que elas não possuem. Tudo isso reflete a depressão num nível leve e passageiro, que poderíamos chamar de desânimo.

Depressão é quando essa sensação de incapacidade não é focalizada em alguma atividade, mas generalizada para a vida inteira. Isso acontece facilmente quando nossa principal necessidade (de ter significado na vida) não é preenchida. Para um adolescente, pode ser quando sua turma o rejeita; para um homem, pode ser quando está desempregado; e para uma esposa, pode acontecer se o relacionamento com seu marido não está indo bem. Se existem mais mulheres deprimidas do que homens, talvez seja devido à falta de amor e aceitação dos maridos.

B. POR QUE FICAMOS DEPRIMIDOS?

Depressão é uma enfermidade complicada porque ela não tem apenas uma, duas ou três causas. Existem muitas delas, que facilmente vão se misturando e se acumulando para torná-la mais complicada ainda. **Gary Collins indica sete fontes da depressão** no livro *Aconselhamento cristão* (capítulo sete; p. 73-85), às quais acrescentei mais uma:

1. Causas físico-hormonais: a depressão frequentemente tem uma origem física. A falta de sono e uma alimentação imprópria estão entre as causas físicas mais simples. Outros fatores, mais complicados, seriam: o efeito de entorpecentes, diabetes, desequilíbrio de hormônios (como problemas com a tireoide ou a menopausa) e tumores cerebrais.

2. Causas ambientais ou externas: experiências negativas na infância, especialmente por rejeição ou abuso, podem levar à depressão na vida adulta. Tais experiências também levam o adulto à depressão, especialmente se seu sentido de valor e significado é ameaçado ou destruído. Para o homem, isso tende a acontecer quando fica desempregado por um longo período. A mulher tem maior tendência à depressão quando o marido não a valoriza ou apoia.

Gostaria de comentar aqui sobre a perda. Quando perdemos um ente querido, passamos por cinco fases naturais: 1) Choque, negando a perda; 2) Raiva, revolta contra a dor da perda; 3) Negociação, procurando barganhar com Deus ou outros para conseguir o retorno da pessoa; 4) Depressão; e 5) Aceitação de uma nova realidade. A pessoa precisa ficar à vontade em cada fase, e não ser forçada a ser "um bom crente" e manter o sorriso na face apesar da dor interna que está acabando com ela. O processo pode demorar alguns meses ou até um ou dois anos. Se a pessoa for forçada a pular alguma dessas fases, ou não for permitido o luto sadio (em caso de morte), mais tarde ela poderá entrarem depressão. Isso pode acontecer especialmente com crianças pequenas, cujos pais morrem e não lhes é permitido passar por essas fases. Um bom livro nessa área é o de Helen Alexander, *Perdi alguém a quem amava*. Gilben Lazan oferece exercícios práticos para lidar com perdas no *Manual de recuperação emocional* (p. 156).

3. Incapacidade aprendida: quando percebemos que nossas atitudes não estão dando resultados, por mais que tentemos — e não conseguimos aliviar o sofrimento, alcançar um alvo ou produzir uma mudança — a depressão torna-se uma resposta comum. Nós nos sentimos incapazes e desistimos de tentar. Por exemplo: um aluno não consegue relacionar-se com seus colegas ou ser bem sucedido nas provas; uma pessoa mais velha se torna incapacitada; uma criança, por mais que se esforce, não consegue aprovação dos pais; alguém desempregado não consegue achar trabalho. Quando tais pessoas conseguem controlar pelo menos parte de sua vida, vendo que seus esforços fazem diferença, a depressão diminui e, com frequência, desaparece.

4. Pensamento negativo: fixar-se no lado negativo da vida e esquecer-se do positivo leva à depressão. Quando a pessoa está deprimida e continua a pensar negativamente, o resultado é uma depressão ainda mais intensa. Esse pensamento negativo pode se expressar de três formas: vendo o mundo e os acontecimentos ao nosso redor sob uma ótica pessimista; tendo uma visão hipercrítica de si mesmo (trataremos mais disso no capítulo seguinte); vendo um futuro sombrio.

5. Estresse ou tensão: o estresse intenso ou contínuo suga nossa energia emocional. Com o passar do tempo, nossas reservas emocionais se consomem, especialmente se isso for combinado com a perda de algo ou alguém importante em nossa vida. Per-

104 Introdução à restauração da alma

demos os recursos emocionais até mesmo para enfrentar coisas pequenas. Sentimos uma necessidade profunda de fugir dos menores problemas, porque não aguentamos mais nenhum desgaste. Trataremos mais disso no capítulo onze. Moisés chegou ao ponto de estar tão estressado pela dificuldade de liderar o povo de Israel, que pediu a Deus para tirar-lhe a vida. O sofrimento ou uma doença crônica também podem levar a isso. Existem vários livros bons sobre esse tema. Recomendo o de Paul Billheimer, *Não desperdice suas lágrimas*.

6. Ira: Collins indica que a explicação mais antiga, comum e talvez mais largamente aceita para a depressão é a que envolve o sentimento de ira voltado para dentro, contra si mesmo. Isso acontece quando a pessoa se sente frustrada, ressentida e cheia de ira, mas não encontra uma forma de expressar e resolver essa raiva. A raiva é mantida e passa por um processo que Collins ilustra desta maneira:

Mágoa	Ira	Vingança	Depressão
A primeira emoção a ser sentida.	A segunda emoção a ser sentida. Esta esconde a mágoa.	A terceira emoção a ser sentida. Ela oculta a mágoa e a ira.	ou AÇÃO DESTRUTIVA ou SINTOMAS PSICOSSOMÁTICOS A quarta emoção a ser sentida. Ela oculta a mágoa, a ira e o sentimento de vingança.

Talvez nos sintamos mais irados quando feridos por uma decepção ou pelos atos de outrem. Em lugar de admitir esta mágoa, as pessoas ficam se remoendo, ponderam sobre o acontecido e começam a ficar zangadas. A ira então cresce e se expressa, e sendo enfrentada resulta em vingança. Isto torna-se tão forte que oculta a mágoa. Portanto, a ira precisa ser admitida, mesmo que tenha ocorrido só em pensamentos, no sentido de ferir outra pessoa.

A vingança leva, às vezes, a atos violentos e destrutivos, mas isto pode nos causar dificuldades e a violência não é aceitável, especialmente para um cristão. Como resultado, algumas pessoas escondem seus sentimentos. Isto exige energia que desgasta o corpo, de modo que as emoções eventualmente sobem à superfície na forma de sintomas psicossomáticos. Outras, consciente ou inconscientemente, se condenam pelas suas atitudes e ficam deprimidas. Esta depressão pode ser uma forma de autopunição emocional, que algumas vezes leva até ao suicídio. É fácil entender porque tais pessoas sentem que não prestam, têm sentimentos de culpa e são infelizes. (Collins, p. 77)

7. Culpa (falsa ou real): quando sentimos que falhamos ou fizemos algo errado, surge a culpa e juntamente com ela a autocondenação, a frustração, a desesperança e outros sintomas de depressão. Citando novamente Collins:

> A culpa e a depressão ocorrem juntas com tanta frequência que é difícil determinar qual delas surge primeiro. Talvez na maioria dos casos a culpa venha antes da depressão, mas, às vezes, esta última faz com que o indivíduo sinta-se culpado (por parecer incapaz de "sair" do desespero). Em qualquer caso forma-se um círculo vicioso (a culpa causa a depressão que provoca maior culpa e assim por diante). (p. 77)

8. Batalha espiritual: além das sete fontes indicadas por Collins, temos de reconhecer que a luta contra a carne, o mundo e o diabo, especialmente se perdemos mais do que ganhamos, pode levar-nos à depressão. A inabilidade de andar em obediência na vida cristã vitoriosa muitas vezes tem sua raiz em feridas emocionais, que, por sua vez, abrem uma porta para a aflição demoníaca. Ministrei recentemente a três pessoas deprimidase afligidas por demônios: um pastor que estava pensando em deixar o ministério porque não conseguia controlar seus pensamentos impuros (mesmo que não tenha havido nenhuma ação impura); uma esposa de pastor que estava pensando em se suicidar por não ter esperança quanto a seu casamento e sua vida de forma geral; e uma mulher com apenas seis meses de conversão, tão deprimida e aflita que estava à beira de problemas mentais.

Em todos esses casos, usamos os passos de restauração deste livro e os passos de libertação recomendados por Neil Anderson em seu livro *Quebrando correntes*. **Quando a pessoa deprimida chega ao ponto de considerar o suicídio, quase sempre existe aflição demoníaca. Essa aflição pode ser quebrada com relativa facilidade, desde que a ferida pela qual os demônios ganharam acesso à vida da pessoa seja curada.** A cura e a libertação para todos os três foram profundas, demonstradas na hora, como também por mudanças radicais em suas vidas nos dias e semanas posteriores. Aleluia!

C. QUAIS OS RESULTADOS DA DEPRESSÃO?

A terceira seção dos capítulos sobre ira, medo, identidade (autoimagem), estresse e culpa indica o que acontece quando não resolvemos esses problemas. Volte a ler a seção que estiver mais ligada às raízes de sua depressão. Por exemplo, dissemos que uma raiz de medo não resolvido leva a: 1) Desgaste emocional; 2) Esgotamento; 3) Desânimo ou esgotamento de outros; 4) Sentimento de solidão; 5) Bloqueio emocional; 6) Perda do contato com a realidade. A maioria desses tópicos, senão todos, se aplica à depressão não resolvida.

A pessoa que não resolve sua depressão continua carregando um peso emocional esmagador. Diminui sua qualidade de vida, como também, provavelmente, diminuirão os anos de sua vida. Os sintomas indicados na autoavaliação no começo deste capítulo, se não forem resolvidos e aliviados, poderão se aprofundar. **Esse caminho leva à morte, pelo menos à morte emocional, senão, também, à morte física.**

A pessoa deprimida sente pouca energia para lutar contra sua depressão, mas deve se esforçar nesse sentido. Ela deve seguir as orientações abaixo de como superar a depressão, especialmente procurando a ajuda de um líder espiritual, uma equipe de restauração e/ou psicólogos ou psiquiatras cristãos.

D. COMO SUPERAR A DEPRESSÃO?

Precisamos fazer três coisas com nossa depressão: entendê-la, expressá-la e resolvê-la.

1. ENTENDA SUA DEPRESSÃO

A autoavaliação no começo deste capítulo ajuda a diagnosticar a seriedade da depressão. Outros capítulos deste livro tratam das oito fontes indicadas anteriormente e podem ajudar a esclarecer qualquer dúvida nessa área. Os livros recomendados no final deste capítulo também podem ajudar.

Visto que depressão é algo tão complexo, se as pessoas que trabalham com você na área de restauração não conseguirem discernir suas raízes e liberá-lo, é provável que psicólogos ou psiquiatras possam ajudá-lo. Um bom passo nesse sentido é fazer um *check-up* físico e ter a avaliação de um médico. Uma vez que a raiz é discernida, uma equipe de restauração geralmente poderá ajudar, exceto em caso de raízes físicas. É bom lembrar que restauração emocional consta de um <u>processo</u>, às vezes, demorado. Raras vezes experimentamos mudanças milagrosas instantâneas.

2. EXPRESSE SUA DEPRESSÃO

Assim como indicamos em outros capítulos, é muito importante expor o que estamos sentindo sem acusar o outro de ser o responsável por nossas emoções. Temos de nos responsabilizar por elas e encontrar o ambiente onde possamos expressá-las livremente. Pode ser em um grupo de apoio, pode ser em seu diário espiritual, onde você se expressa a Deus, ou pode ser com um bom amigo, um conselheiro, seu cônjuge ou alguém em uma equipe de restauração. O importante é encontrar alguma forma de se expressar na qual você possa ficar à vontade. Sem se expressar, será difícil passar para o terceiro passo: resolva sua depressão.

3. RESOLVA SUA DEPRESSÃO

Collins mostra que o aconselhamento aos deprimidos pode tomar direções diferentes, muitas das quais podem aplicar-se a cada aconselhado. Ele coloca as seguintes recomendações:

1. Procure abordagens médicas. Onde houver sintomas físicos, sempre é sábio consultar um médico. Psiquiatras ou outros médicos também podem indicar remédios antidepressivos. Às vezes, tais remédios podem dar um alívio temporário que ajudará no tratamento.

2. Avalie as causas. Cada causa precisará de um tratamento apropriado. Collins dá algumas dicas para as sete causas (1984:80). Uma equipe de restauração ministrando com os seis passos indicados no capítulo três pode ser de grande ajuda, especialmente quanto a tratar de problemas no passado, ira, culpa e aflição demoníaca.

3. Estimule o pensamento realista. Às vezes, temos perspectivas perfeccionistas impossíveis de se realizar. Outras vezes, nossos pensamentos são negativos, e precisamos treinar outra forma de pensar. Nesse sentido, concordo com a recomendação de Neil Anderson, no seu livro *Quebrando correntes*, de declarar em voz alta nossa identidade em Cristo. Ele tem um exercício de, aproximadamente, seis a sete minutos de declarações bíblicas que afirmam nossa verdadeira identidade em Cristo. Ele recomenda que façamos essas declarações diariamente quando passarmos por conflitos espirituais — o que inclui, sem dúvida, a depressão (p. 235-240). A ajuda de um grupo de

108 Introdução à restauração da alma

discipulado ou grupo de apoio pode ser fundamental, especialmente quando o ambiente no lar não é apropriado.

4. Mude seu ambiente. Isso é fundamental, se nossas circunstâncias são deprimentes. Membros da família também podem ser encorajados e orientados a mudar o ambiente do lar.

5. Proteja-se de si mesmo. Não tome decisões sérias e duradouras quando estiver nas garras da depressão. Procure um líder espiritual para orientá-lo e ajudá-lo a não tomar grandes decisões sem pensar claramente sobre suas consequências. Peça que seu conselheiro ou líder espiritual fique alerta para qualquer indício de suicídio, já que isso é comum entre as pessoas deprimidas.

6. Procure um grupo de apoio. Ter um grupo comprometido a apoiá-lo fará uma grande diferença. Existem algumas vantagens se o grupo for composto por pessoas que reconheçam que têm problemas, e com esse pensamento será comum e normal compartilhar as lutas e as dificuldades. Haverá uma segunda fase nesse curso, "Introdução à restauração da alma", que pretende formar grupos de apoio. Se você não tem acesso a esse tipo de grupo em sua igreja, procure-nos que o informaremos, caso haja um em sua cidade. Alcoólicos Anônimos, Neuróticos Anônimos, Narcóticos Anônimos e outros grupos seculares parecidos são bons grupos de apoio que podem ajudar até que um grupo esteja estabelecido na igreja.

7. Estenda a mão. Ajude a outros. Isso acontece natural e automaticamente num grupo de apoio. Também pode acontecer em outros contextos. Quanto mais você ajudar outras pessoas, mais encorajado você se sentirá.

8. Procure estar em forma. Bom exercício e boa alimentação sempre ajudarão a diminuir a força da depressão.

> **Instrutor:** repasse a tarefa para a próxima semana e então divida os participantes em grupos pequenos.

TAREFA PARA O PRÓXIMO ENCONTRO

1. Faça a autoavaliação no começo do próximo capítulo e leia a seção "Para estudar", sublinhando os pontos importantes e fazendo anotações nas margens.
2. Faça um diário espiritual sobre o tema de autoaceitação com base em 1Coríntios 15.10, respondendo às duas perguntas:
   a) O que Deus está me dizendo?;
   b) O que vou fazer com base nisso (aplicação)?
3. *Opcional (se houver tempo)*: Anote outros versículos que nos ajudam a entender melhor a nossa identidade e como superar problemas de autoimagem (inferioridade ou superioridade).

PERGUNTAS PARA REFLEXÃO E DISCUSSÃO

1. Reserve dez minutos para escrever a Deus o que você está sentindo ou use sua imaginação santificada para escrever o que você sente que Deus pode estar falando a você agora.

_____
_____
_____
_____
_____
_____
_____
_____
_____

2. Compartilhe com seu grupo uma das coisas que mais mexeu com você neste estudo. Se você escreveu uma oração sobre isso, fique à vontade para lê-la a seus companheiros (*30-35 minutos*).
3. *Opcional*: Compartilhe com base na sua autoavaliação, ou se alguém no grupo tem uma necessidade séria que quer compartilhar, use o restante do tempo para ouvi-lo e ministrar a ele (a).
4. Terminem a sessão compartilhando pedidos de oração e orando juntos (*20-25 minutos*).

BIBLIOGRAFIA COMENTADA

ALEXANDER, Helen. *Perdi alguém a quem amava*. São Paulo: Abba Press, 1993/1995. 215 páginas. Este livro **ajuda a enfrentarmos a morte** em todas as suas formas: morte súbita, suicídio, assassinato, aborto, morte lenta e morte de uma criança. Trata das dimensões emocionais e espirituais para poder chegar a restabelecer a vida com os pedaços que sobraram.

ANDERSON, Neil T. *Quebrando correntes: como vencer a guerra espiritual*. São Paulo: Mundo Cristão, 1990/1994. 255 páginas. O melhor livro que conheço sobre **libertação** da aflição demoníaca, especialmente para crentes. Veja o comentário na página 212.

ATKINSON, Sue. *Livrando-se do domínio da depressão*. São Paulo: Abba Press, 1993/1996. 209 páginas. A autora passou por muitos anos de grave depressão. Através de sua experiência, escreveu capítulos curtos de forma que pudesse prender a atenção de alguém em depressão. Depois dos capítulos iniciais, a maioria **tem atividades simples que ajudam a pessoa a superar a depressão.**

BILLHEIMER, Paul E. *Não desperdice suas lágrimas.* São José dos Campos: CLC Editora, 1977/1988. 110 páginas. Explica como descobrir significado e propósito no **sofrimento** do crente.

COLLINS, Gary R. "Depressão" (cap. 7), *Aconselhamento cristão.* São Paulo: Vida Nova, 1980/1984. 389 páginas. **Esse é o melhor resumo que conheço sobre depressão.** O livro tem outros capítulos sobre temas como luto (cap. 27) e os traumas da vida (cap. 29). Veja o comentário na página 32.

LAHAYE, Tim. *Como vencer a depressão.* São Paulo: Vida, 1974/1980. 234 páginas. **Um clássico nessa área,** esta obra identifica as causas da depressão, dedicando capítulos específicos à autocomiseração, à ira, à autoimagem, ao ocultismo, à atitude mental, ao temperamento e à música. Conclui com dez passos para vencer a depressão e capítulos quanto a como ajudar seus filhos a evitar a depressão e como ajudar um amigo deprimido.

LAZAN, Gilbert Brenson. *Manual de recuperação emocional.* Curitiba: Eirene do Brasil, 1987/1988. 60 páginas. Dividido em lições ou exercícios em três áreas: 1) Para sobreviver: os primeiros auxílios (16 lições); 2) Para recuperar-se: o tratamento (18 lições); e 3) Para crescer: a convalescência (14 lições).

LANGBERG, Diane; Clinton, Tim. *Guia pratico para o aconselhamento de mulheres.* Curitiba: Esperança, 2012. Capítulos "Depressão" e "Autoestima e aprovação" (p. 119-128).

NORDTVEDT, Matilda. *Derrotando o desespero e a depressão.* São Paulo: Vida, 1975/1978. 160 páginas. Nordtvedt compartilha seu **testemunho** de ter chegado até o fundo da depressão, tendo que ser hospitalizada, e de como Deus a tirou desse poço.

WHITE, John. *As máscaras da melancolia: um psiquiatra cristão examina a depressão e o suicídio.* São Paulo: ABU, 1982/1987. 210 páginas. Essa é a obra evangélica mais extensa que conheço sobre o tema, indo fundo na área que trata do suicídio, das psicoterapias e das terapias físicas.

YANCEY, Philip. *Decepcionado com Deus.* São Paulo: Mundo Cristão, 1988/1990. 262 páginas. Veja o comentário na página 76.

7 ENTENDENDO AS LUTAS COM NOSSA AUTOIMAGEM (IDENTIDADE)

> *Mas pela graça de Deus sou o que sou, e a graça que ele me deu não ficou sem resultado. Ao contrário, tenho trabalhado muito mais do que todos os outros apóstolos. No entanto não sou eu quem tem feito isso, e sim a graça de Deus que tem trabalhado comigo.*
>
> 1Coríntios 15.10, BLH

> *Quando alguém está unido a Cristo, é nova pessoa; acabou-se o que é velho, e o que é novo já veio. Tudo isto é feito por Deus, que, por meio de Cristo, nos transforma de inimigos em amigos dele [...] Em Cristo não havia pecado. Mas Deus colocou sobre Cristo a culpa dos nossos pecados, para que nós, em união com ele, tenhamos a vida santa que Deus quer.*
> *Portanto [...] não deixem que se perca a graça de Deus que vocês já receberam.*
>
> 2Coríntios 5.17-18a,21 — 6.1, BLH

AUTOAVALIAÇÃO DE SEU NÍVEL DE AUTOACEITAÇÃO

A autoaceitação é uma ótica fundamental pela qual enxergamos a vida. Algumas pessoas têm "óculos" negativos que dão uma perspectiva pessimista à vida toda, enquanto outros têm "óculos" positivos que dão um brilho à vida toda. A autoavaliação pretende ajudá-lo a entender seus "óculos", e este capítulo espera ajudá-lo a saber como limpá-los para ter uma visão melhor.

Abaixo, você encontrará uma lista de vinte áreas básicas da vida nas quais podemos estar satisfeitos ou insatisfeitos. Você pode indicar, com números de um a três, quão satisfeito está com cada uma dessas áreas de sua vida. Se estiver insatisfeito, também pode indicar

114 Introdução à restauração da alma

com números negativos, de -1 a -3. Se não sabe se está mais satisfeito ou insatisfeito, pode colocar zero. **Isso não é uma avaliação de sua** *habilidade* **nessas áreas, nem de como você se compara com outras pessoas**; é uma avaliação de sua *satisfação* com essas áreas, não importando necessariamente quão bom você é. Para cada item abaixo, coloque um número na frente segundo a seguinte escala:

3. Estou muito satisfeito com esta área de minha vida!
2. Estou satisfeito com esta área.
1. Estou um pouco satisfeito.
0. Não estou nem satisfeito nem insatisfeito.
-1. Estou um pouco insatisfeito.
-2. Estou insatisfeito com esta área.
-3. Estou muito insatisfeito com esta área de minha vida!

___ 1. Meu rosto.
___ 2. Meu corpo.
___ 3. Minha personalidade.
___ 4. Meus dons.
___ 5. Minha vida espiritual.
___ 6. Minha habilidade intelectual.
___ 7. Minha habilidade esportiva.
___ 8. Minha habilidade profissional.
___ 9. Minha habilidade musical.
___ 10. Meus pais.
___ 11. Meu estado civil.
___ 12. Minha família.
___ 13. Meu trabalho.
___ 14. Minha masculinidade (homens) ou feminilidade (mulheres).
___ 15. Minha vida sexual.
___ 16. Meu passado.
___ 17. Meus amigos.
___ 18. Meu salário (finanças).
___ 19. Minha casa ou apartamento.
___ 20. Minha igreja.

___Total de notas positivas.
___Total de notas negativas.

___TOTAL

Ao final, some suas notas positivas e anote o total; depois faça o mesmo com suas notas negativas. Então, subtraia a negativa da positiva para chegar a seu total. O máximo possível é 60. Você pode avaliar seu total desta forma:

46 a 60	Maravilhoso. Você deve ter uma vida cheia de gratidão!
30 a 45	Muito bom. Você gosta de si mesmo e tem uma boa base para realizar-se.
10 a 29	Você está um pouco inseguro, precisando dar alguma atenção às áreas com notas baixas.
9 a -20	Você lida com insegurança e precisa entender melhor sua identidade e chamado em Cristo.
-21 a -40	Você é bastante inseguro, precisa de aconselhamento e restauração.
-41 a -60	Você está quase paralisado pelo ódio e raiva que sente quanto a si mesmo e precisa de uma UTI emocional!

PARA ESTUDAR

Enquanto você lê, não se esqueça de sublinhar pontos importantes e colocar anotações na margem. Especialmente, coloque a palavra "Eu?", com um ponto de interrogação, onde você vê algo que possa estar relacionado a você.

Neste capítulo sobre a autoaceitação, como nos capítulos anteriores, vamos responder de forma <u>introdutória</u> e <u>simples</u> a quatro perguntas:

A. O que é autoaceitação?
B. Por que muitas pessoas têm uma autoimagem negativa?
C. Quais os resultados de uma autoimagem negativa?
D. Como superar uma autoimagem negativa?

116 Introdução à restauração da alma

Se quiser se aprofundar nesse tema, consulte os livros recomendados no final do capítulo.

A. O QUE É AUTOACEITAÇÃO?

O que você acha de si mesmo? Você odeia o dia em que nasceu? Gostaria de ser outra pessoa? Ou, o oposto, você está convencido de que existem poucas pessoas que chegam à sua altura?

Os dois extremos, vergonha de si mesmo ou orgulho excessivo, são errados. Mas muitos se sentem deficientes e acabam assumindo uma atitude de inferioridade ou de superioridade. Se pudermos chegar à raiz desse problema e descobrir como sentir bem quanto a nós mesmos, como gostar de nós mesmos, sem cair no orgulho ou egocentrismo, será fantástico!

O assunto se complica para o cristão. Jesus nos chama repetidas vezes a negar a nós mesmos. Muitos de nós traduzimos isso num imperativo de nos desprezar. Ficamos sem graça quando outros nos parabenizam. Não acreditamos quando nosso cônjuge expressa que gosta de nosso corpo, nosso rosto ou outros aspectos de nossa vida ou personalidade. Como podemos negar a nós mesmos e ao mesmo tempo nos aceitar, ou ainda mais, nos amar?! Deus nos chama para amar outros *como amamos a nós mesmos*. Para pessoas com uma autoimagem negativa, se obedecêssemos a esse chamado, estaríamos acabando com as pessoas ao nosso redor!

Vamos começar a resolver esse enigma definindo o que quer dizer autoaceitação. Em seguida, como nos capítulos anteriores, explicarei cada frase.

> Autoaceitação é a atitude de estar contente/satisfeito com minha vida e minha identidade, não precisando provar ou demonstrar nada para merecer o amor de Deus e dos outros.

1. AUTOACEITAÇÃO É UMA ATITUDE

A autoaceitação não é um mero sentimento que oscila entre: às vezes me *sinto* bem; outras vezes me *sinto* mal. A autoaceitação é algo mais profundo. É uma atitude que me norteia, dando óculos emocionais através dos quais enxergo a vida toda.

Se eu me aceito, normalmente enxergo a vida de forma positiva, otimista, na expectativa de as coisas irem bem, confiando que Deus está no controle. Tipicamente, essa pessoa sabe quem é e gosta de si mesma. Se for crente, tem uma visão clara de sua identidade em Cristo, de ser uma nova criatura, santa, amada, aceita e abençoada por Deus Pai, e vitoriosa em Cristo.

Se eu não me aceito, normalmente enxergo a vida de forma negativa, pessimista, na expectativa de as coisas não saírem bem, inseguro quanto a se Deus se importa comigo ou até que ponto ele está envolvido em minha vida. Normalmente, tal pessoa, sendo crente, é oprimida pelo sentimento de não ser muito diferente das que não conhecem a Cristo, de ser pecadora, estar sempre à procura de amor, ter de se esforçar para ser aceitável, trabalhar para receber qualquer benefício e muitas vezes sentir-se derrotada. Esta é uma atitude profunda que não se muda facilmente.

2. AUTOACEITAÇÃO É A ATITUDE DE ESTAR CONTENTE/SATISFEITO COM MINHA VIDA

> Aprendi a estar satisfeito com o que tenho. (Aprendia adaptar-me a toda e qualquer circunstância [NVI]). Sei o que é estar necessitado e sei também o que é ter mais do que o necessário. Aprendi este segredo e, portanto, sempre e em todo lugar, e em qualquer situação, eu me sinto contente, esteja alimentado ou com fome, tenha muito ou tenha pouco. Posso enfrentar qualquer coisa com a força que Cristo me dá. (Tudo posso naquele que me fortalece [NVI]).
>
> Filipenses 4.11b-13, BLH

Há três aspectos da atitude de Paulo que se sobressaem: em primeiro lugar, a atitude de estar contente foi *aprendida*. Duas vezes ele fala que aprendeu. Não é automático. Requer esforço e desenvolvimento espiritual. Em segundo lugar, **precisamos nos adaptar.** "Aprendi a adaptar-me...". Se somos rígidos, dogmáticos, inflexíveis ou perfeccionistas, teremos grande dificuldade com autoaceitação e em estar contente em todas as circunstâncias. Em terceiro lugar, **o contentamento expressa uma dependência total de Deus.** Paulo não está se demonstrando como grande gigante espiritual. Ele consegue tal atitude de contentamento porque tudo pode em Jesus Cristo, que o fortalece. Para Paulo, e para nós que seguimos seu exemplo, Cristo

Introdução à restauração da alma

dentro de nós (Cl 1.27) determina nossa atitude de contentamento e aceitação.

A maioria de nós deixa sua atitude de contentamento ser determinada por: 1) Seus sentimentos; 2) As circunstâncias; ou 3) As opiniões de outros. Quanto ao primeiro, **em vez de governarmos nossos sentimentos, deixamos estes nos governar.** Ficamos instáveis e imprevisíveis porque ninguém, nem nós mesmos, sabemos quando uma emoção qualquer pode surgir e para qual direção ela nos pode levar.

O segundo ladrão de nosso contentamento, se o permitirmos, podem ser **as circunstâncias negativas.** Se as coisas vão bem, nós estamos ótimos! Se o trânsito estiver ruim, se nossos planos não derem certo, se nosso trabalho não dá os resultados que esperamos, estamos péssimos! Em vez de enxergar os propósitos de Deus através dos desapontamentos e aprendermos a nos adaptar como Paulo, ficamos frustrados e inconformados com nossa vida.

O terceiro ladrão de nosso contentamento, se o permitirmos, é **deixarmos ser levados pelas opiniões de outros.** Se alguém não gosta de nós, se nosso chefe fica insatisfeito com nosso trabalho, se nosso cônjuge está irritado e tenso, nosso contentamento pode sumir. A opinião de outros se torna mais importante do que a opinião de Deus ou a nossa própria. Ficamos escravos dos outros, fugindo de tudo e de qualquer possibilidade de conflito, não conseguindo dizer "não" com medo de que a pessoa não vá gostar de nós.

Se não tivermos um propósito claro para nossa vida, outros que o têm nos dominarão ou seremos levados pelas circunstâncias e sentimentos. Todos nós precisamos de um propósito na vida e alguém para nos dirigir, ainda que sejamos nós mesmos. Ao mesmo tempo, um dirigente ou um líder pode acabar nos escravizando e controlando, a não ser que nosso Criador, que nos ama, esteja no comando. Norteados por seus propósitos, tendo sua perspectiva, sempre estaremos contentes.

3. AUTOACEITAÇÃO É A ATITUDE DE ESTAR CONTENTE/SATISFEITO COM MINHA IDENTIDADE

O que é nossa identidade? **Nossa identidade é o que realmente somos em todo e qualquer lugar.** Nossa identidade é distinta dos papéis que preenchemos, porque cada papel depende de um contexto específico. Por exemplo: em casa tenho os papéis de marido e pai. Mas esses papéis não são minha identidade, porque mudam quando estou com outras pessoas e em outro contexto. Em outros contextos posso ser pastor, missionário, discipulador, mestre, palestrante, esportista, conselheiro, líder ou seguidor, mas todos esses são papéis, só sendo expressos em um contexto específico e não mais regendo em outros contextos.

O que, então, é nossa identidade? **É o que sempre somos, não importa com quem estamos.** Algumas pessoas quase não têm identidade porque sempre mudam para colocar outra máscara segundo o grupo de pessoas com quem estão. Depois de estar com alguém por um tempo, dá para perceber algo da profundidade, solidez e integridade da pessoa. Algumas pessoas são superficiais: podem destacar-se em algum papel, mas não têm alicerce debaixo disso. Outras são sólidas, coerentes, profundas, mas simples, não tendo que se esconder ou levantar defesas para proteger uma autoimagem fraca ou doentia.

Em que se baseia sua identidade? De onde você ganha seu sentido de significado? Nós, homens, temos uma tendência de ganhar nosso significado por meio de nosso trabalho. Se não estamos realizados no trabalho, se não sentimos que estamos fazendo algo importante por meio de nossa vida, ficamos frustrados e deprimidos. Quando ficamos desempregados, isso fica mais agudo ainda. Identidade que vem pelo fazer e não pelo ser é muito frágil!

As mulheres têm uma tendência de ganhar sua autoestima por meio de seus relacionamentos, especialmente nas relações mais íntimas como filha (até se casar), esposa e mãe. Como indicamos no capítulo anterior, quando esses relacionamentos não estão indo bem é fácil a mulher entrar em depressão. A vida emocional de uma mulher casada tende a cair quando o marido demonstra mais interesse no trabalho (onde ele ganha sua autoestima) do que nela. Isso se complica ainda mais quando ele se envolve tanto na igreja que não tem tempo para ela.

Quando nossa autoestima não é nutrida em casa ou, pior ainda, é ameaçada, começamos a procurar afirmação em outros lugares ou com outras pessoas, geralmente complicando nossas vidas. Mesmo quando procuramos essa afirmação na igreja ou na "obra do Senhor", facilmente acabamos nos distanciando emocionalmente dos entes queridos da família. A pessoa que está na igreja cada vez que as portas se abrem muitas vezes está fugindo, conscientemente ou

120 Introdução à restauração da alma

não, de relacionamentos que não estão indo bem. Tanto o homem como a mulher pode se ressentir contra seu cônjuge (e contra Deus) pelo envolvimento exagerado do outro na igreja.

Na seção seguinte analisaremos um pouco mais do porquê de muitas pessoas terem uma autoimagem negativa.

B. POR QUE MUITAS PESSOAS TÊM UMA AUTOIMAGEM NEGATIVA?

A principal razão de uma autoimagem negativa é a falta de amor fundamental (cf. p. 77-78). Sem esse amor como alicerce, a pessoa não se sente aceita e amada. A pessoa que experimentou tal amor tem uma confiança de que é aceita, não importa o que ela faça ou deixe de fazer. Seu sentimento de ser aceita não depende de sua *performance*, sua produtividade ou habilidade de satisfazer outros.

Muitas pessoas acham que precisam alcançar certo padrão de maturidade, de atitude ou de realização para poderem ser aceitas. Pensam que, alcançando certos níveis de realização, serão amadas pelos outros e, consequentemente, por elas mesmas. Em outras palavras, aprendem a agir na pressuposição de que o amor é obtido por cumprir certas expectativas. A vida é uma troca de favores. Na verdade, quando cremos que precisamos fazer alguma coisa para sermos amados, nosso sentimento de ser amados é frágil. Bruce Narramore diz que na medida em que pensamos assim, abordamos a vida com a pergunta: "*Como é que os outros pensam que eu devo agir ou reagir?*" Aprendemos a agradar. Aprendemos a moldar nossas vidas pelas expectativas dos outros, esperando encontrar, assim, um profundo sentimento de segurança e amor (1985: 51-52).

A pessoa que se aceita tem a perspectiva: "**Eu sou bom porque Deus me fez, e Ele não faz besteiras!**" Ela crê, conscientemente ou não, que Deus a criou bem e que sua vida tem um propósito significativo. Isso vale tanto para o cristão como para o ateu ou agnóstico. Muitas vezes, pessoas que não conhecem a Deus têm uma autoimagem mais positiva do que o cristão, porque foram criadas em um lar com amor fundamental. Nesses casos, é muito difícil o cristão evangelizar, porque o outro parece ter mais segurança e confiança do que ele! Se o crente não foi criado com amor fundamental, Deus precisa fazer uma nova obra emocional em sua vida para acompanhar a nova criação espiritual. Muitas vezes, isso requer restauração, para que feridas do passado sejam superadas.

C. QUAIS OS RESULTADOS DE UMA AUTOIMAGEM NEGATIVA?

1. Não gostamos de nós mesmos. Essa autorrejeição afeta todas as nossas decisões e atitudes, jogando uma sombra ao nosso redor. Andamos como se houvesse uma nuvem escura acima de nós. Muitas pessoas não percebem isso porque gastam bastante energia emocional mantendo uma máscara de alegria, de vitória, de ser "um verdadeiro crente". É quase impossível manter a máscara sempre em seu lugar, mas tentamos fazê-lo, com medo e até terror de que outros venham a conhecer quem verdadeiramente somos. Andar com máscara não é nada novo. Até gigantes da fé, como Moisés, fizeram isso (2Co 3.13).

Nossa energia emocional é sugada para mantermos a máscara. Pessoas não crentes discernem a máscara e são repelidas. Nossos irmãos que discernem nossa máscara muitas vezes não sabem bem como responder. Alguns nos julgam hipócritas, crentes carnais ou simplesmente se afastam, alimentando assim nosso medo de nos revelar. Outros sabem que têm exatamente o mesmo problema e são incapazes de nos ajudar. Alguns querem nos ajudar, mas não sabem como ou não sabem se aceitaríamos ajuda. E outros têm medo de mexer com nossa máscara, porque não sabem se nossa identidade será frágil demais para aguentar. Se reconhecemos que temos um problema, precisamos tomar a iniciativa de procurar ajuda.

2. O segundo resultado de uma autoimagem negativa é não aceitarmos os outros. Quando não aceitamos a nós mesmos, é difícil aceitarmos os outros. Como estenderemos aos outros o que não conseguimos estender a nós mesmos? Ficamos com um pé (ou os dois!) atrás quanto a nos comprometer com outros. Grupos pequenos nos assustam, porque outros podem descobrir quem somos!

Não aceitando os outros, facilmente nos tornamos críticos, céticos e julgadores. Sentimos que outros não podem ser vitoriosos e bem-sucedidos espiritualmente, porque nós não o somos. Percebemos máscaras ou hipocrisia em outros (até mesmo quando estas não existem). Podemos sentir ciúmes de outros que estão se dando bem

Introdução à restauração da alma

e acabar, até inconscientemente, procurando diminuí-los ou minar o ministério deles.

3. O terceiro resultado de uma autoimagem negativa é não aceitarmos Deus e sua perspectiva. Não conseguimos ter fé. Somos afligidos por dúvidas que nos levam a ter uma mente dividida, instável em tudo o que fazemos (Tg 1.6-8). Consciente ou inconscientemente, acreditamos que Deus errou ao nos desenhar, isto é, errou ao nos formar ou nas experiências do passado que ele permitiu acontecerem. Philip Yancey expressa bem essa atitude no excelente livro *Decepcionado com Deus*. Em vez de ver a mão de Deus ao nosso redor ou em nosso passado, desconfiamos de sua presença, seu amor ou seu poder.

As máscaras acabam sendo um obstáculo à nossa vida com Deus. Não tendo nossa face descoberta, não conseguimos contemplar a glória do Senhor e ser transformados segundo a sua imagem, com glória cada vez maior (2Co 3.18).

Em resumo, uma autoimagem negativa é como um câncer que infecta ou corrói nossa alma, nos debilitando e nos matando aos poucos. Nossa autorrejeição acaba corroendo a vida de outros, especialmente os mais próximos a nós, dificultando sua própria autoimagem positiva. O Espírito Santo se entristece, intercedendo por nós com gemidos inexprimíveis, vendo que estamos bloqueados quanto a andar segundo seus propósitos e viver como filhos verdadeiros do Pai.

D. COMO SUPERAR UMA AUTOIMAGEM NEGATIVA?

Minha autoimagem é baseada em minha identidade. Quando tenho uma autoimagem negativa, preciso:

1. Entender minha verdadeira identidade (visão interior).
2. Expressar essa identidade.
3. Entender os propósitos de Deus (visão exterior).
4. Estender esses propósitos para as pessoas ao meu redor.

1. ENTENDA SUA VERDADEIRA IDENTIDADE

Deus Pai falou a Jesus antes dele começar seu ministério, quando foi batizado, *"Este é o meu filho amado, de quem me agrado"*. **Existem nessa frase três expressões de amor fundamental:**

1. *"Este é o meu filho"*: comunica identidade e que a pessoa pertence a alguém. Ser filho de Deus é uma identidade, não um papel que serve só em alguns contextos. Saber que pertencemos a um Pai maravilhoso que deseja que todo o mundo saiba que somos seus dá um sentimento profundo de segurança e aceitação.

2. *"Amado"*: indicamos no capítulo cinco que uma medida de amor fundamental é afirmação verbal (p. 77). Antes de Jesus começar seu ministério, o Pai quis que ele soubesse que era querido. Para o Pai, era mais importante que Jesus se *sentisse amado*, do que entendesse qual a obra, a descrição de trabalho, o plano de ministério ou as estratégias fundamentais a serem desenvolvidas. No momento crítico de Jesus começar seu ministério, o Pai enfatizou seu amor e aceitação.

3. *"De quem me agrado"*: Jesus não havia começado seu ministério ainda, mas o Pai gostava dele. O prazer do Pai não dependia do trabalho de Jesus. Jesus não tinha de ganhar o sentido de ser aceito. Não tinha de se esforçar para conseguir o agrado de seu Pai. Antes do primeiro milagre, antes do primeiro ensino, antes de qualquer coisa que Jesus fez, o Pai deixou muito claro que Jesus era uma fonte de alegria para ele.

Mas essa mensagem do Pai não foi expressa apenas uma vez. Foi expressa pela primeira vez como profecia em Isaías 42.1, oitocentos anos antes de Jesus nascer. É repetida três vezes nos três evangelhos sinópticos (Mt 3.17; Mc 1.11; Lc 3,22), no começo do ministério de Jesus. No meio do ministério de Jesus, é repetida como característica de sua vida (Mt 12.18). Na transfiguração, é repetida e citada de novo em três evangelhos (Mt 17.5; Mc 9.7; Lc 9.3). Décadas depois, Pedro cita a mesma frase em relação a Jesus como prova de sua identidade (2Pe 1.17). *"Este é o meu filho amado*, de quem me agrado" é um refrão repetido nove vezes. **Quanta diferença faz quando esse refrão é a música de fundo de nossa vida!**

Cada vez que você procura ouvir de Deus, veja se ele não está falando, "_____ (coloque seu nome), você é meu filho (ou minha filha); eu te amo; você me dá muito prazer!"

O que quer dizer ser filho de Deus? O que está embutido nessa identidade? Neil Anderson nos dá um excelente resumo disso em seu livro *Quebrando correntes* (p. 235-240), no apêndice "A identidade e a posição do cristão". Ele coloca uma lista de declarações que eu uso

124   Introdução à restauração da alma

frequentemente como tarefa para pessoas que têm recebido uma ministração de restauração e precisam agora firmar seu novo entendimento de quem são. Com a permissão da Editora Mundo Cristão, estou citando, na íntegra, esse apêndice nas páginas 242 a 245.

2. EXPRESSE SUA IDENTIDADE EM CRISTO

Precisamos verbalizar nossa identidade e agir segundo ela. Fé sem obras é morta. Pessoas que têm passado por um ministério de libertação ou restauração normalmente perderão o valor desse ministério se não houver um prosseguimento afirmando sua identidade verdadeira em Cristo. Recentemente ministramos a um casal, enfatizando a importância de que marido e mulher fizessem as declarações acima juntos, diariamente, por um mês. Deixamos claro que isso poderia ser feito de diversas formas: só um falando e o outro ouvindo; intercalando frases; falando juntos; falando um para o outro "Você é..." (ao invés de "Eu sou..."). As declarações requerem de seis a sete minutos.

Também pedi a esse casal que, nos dez dias seguintes, repetisse essas declarações antes de se encontrar após o trabalho. A atitude de um casal, nos primeiros minutos juntos, após um dia de trabalho, é chave. Uma pesquisa descobriu que os primeiros quatro minutos após o marido entrar na casa determinam o clima emocional durante o almoço ou, se for ao final do dia, para o restante da noite. Se eles agirem segundo sua identidade nesses quatro minutos e dedicarem atenção especial um ao outro e às crianças, estabelecerão o clima para essa identidade continuar a ser expressa. Assim, padrões errados de comunicação, estabelecidos através de anos ou décadas, podem ser mudados. Aleluia!

3. ENTENDA OS PROPÓSITOS DE DEUS

> Quem sabe dos meus planos sobre vocês sou Eu mesmo! São planos de bem; não são planos de sofrimento. Eu lhes darei aquilo que mais desejam: um futuro de paz.
>
> Jeremias 29.11, BV

Quando entendo que estou no centro da vontade de Deus e que ele está realizando seus propósitos aqui na terra por meio de mim, aceito com alegria as minhas circunstâncias e a minha vida, ainda que não sejam aquilo que eu escolheria. Para aceitar-me, seria bom reconhecer, primeiramente, que existem muitos aspectos de minha vida que não são mutáveis. Eles estão fora de meu controle e requerem que os enxergue como ingredientes que Deus irá usar para cumprir seus propósitos por meio de minha vida. São os seguintes:

A. Meus pais.
B. Meu momento na história.
C. Minha raça ou cor.
D. Minha herança nacional.
E. Meu sexo.
F. Minha ordem de nascimento.
G. Meus irmãos e irmãs.
H. Meus atributos físicos.
I. Meu envelhecimento e morte.
J. Meu passado.

Se eu lutar contra qualquer destes, ficarei insatisfeito e não conseguirei me aceitar. Se eu entender que Deus tem um propósito único para minha vida segundo a combinação desses fatores e outros, posso aceitar e me alegrar neles.

Minha autoaceitação acaba influenciando tudo ao meu redor, tornando-se, até certo ponto, **uma atitude profética que acaba se realizando.** Quando confio que as coisas sairão bem ou que sairão mal, há uma tendência de que isto venha a acontecer. Também há uma tendência de *interpretar* os resultados de nossos esforços segundo nossos óculos positivos ou negativos. Assim, duas pessoas podem enxergar o mesmo acontecimento e, segundo seus óculos, achar que foi bom ou ruim. É como a visão de um copo de água cheio até a metade. O otimista vê o copo meio *cheio* e se alegra com o que tem. O pessimista vê que é meio *vazio* e se entristece com o que falta!

Isso tem levado muitas pessoas à **escola do pensamento positivo.** "**Pense de forma positiva e as coisas se tornarão positivas.**" Isso é **uma *meia* verdade.** Se fizermos isso, provavelmente começaremos a enxergar a vida de forma mais positiva. Mas *meia* verdade contém uma mentira perigosa. Comunica que você tem um poder em sua mente que pode tornar as coisas positivas, um poder de criar o que

126 Introdução à restauração da alma

não existe. Isso não é verdade. Pensamentos positivos não mudam a realidade, mesmo que possam influenciar na maneira como as pessoas enxergam essa realidade.

O que muda a realidade são nossos esforços junto com os de outros (outras pessoas, "circunstâncias", anjos e demônios, e Deus). Mas a realidade que enxergamos mudará radicalmente, dependendo de estarmos percebendo-a da perspectiva de Deus ou não. Paulo declara:

> De modo que, de agora em diante, a ninguém mais consideremos do ponto de vista humano. (Daqui em diante, não vamos mais usar as regras humanas quando julgarmos alguém [BLH]). (Portanto, deixem de estar avaliando os cristãos pelo que o mundo pensa a respeito deles, ou por aquilo que aparentam ser exteriormente [BV]). Ainda que antes tenhamos considerado Cristo dessa forma, agora já não o consideramos assim. Portanto, se alguém está em Cristo, é nova criação. As coisas antigas já passaram; eis que coisas novas surgiram! (Vários manuscritos dizem: eis que tudo se fez novo!)
>
> 2Coríntios 5.16-17

Quando nos entregamos a Deus, nossa perspectiva muda radicalmente. Oswald Chambers ilustra bem isso em seu livro devocional *Tudo para Ele:*

> Deus chamou Jesus Cristo para o que parecia um fracasso absoluto. Jesus chamou Seus discípulos para assistirem a Sua morte; levou cada um deles a um profundo quebrantamento. A vida de Cristo foi um fracasso total sob o ponto de vista de todo o mundo, menos do de Deus. Mas, o que aos homens parecia fracasso, foi um extraordinário triunfo do ponto de vista divino, porque o propósito de Deus nunca é o propósito do homem (P. 171).

Note que existe uma diferença entre Deus cumprir seus propósitos: 1) Em minha vida; e 2) Ao meu redor. Ele cumpre seus propósitos em minha vida na proporção em que eu me entrego à direção dele. Se eu sou submisso a ele, cheio do Espírito, ele tem controle sobre minha vida e cumprirá seus propósitos em mim. Aleluia!

Mas ele não tem o mesmo controle sobre as pessoas ao meu redor. Dependendo de quanto eles se entregam a ele e à sua vontade, Deus cumprirá seus propósitos imediatos em suas vidas. Ainda quando eles vão contra os propósitos de Deus, ele continua operando em mim, cumprindo tudo que ele quer em mim. Eu posso aguardar com confiança que ele fará todas as coisas cooperarem para o bem (Rm 8.28), enquanto eu continuar me entregando a seu propósito principal: tornar-me mais e mais como Cristo (Rm 8.29).

4. ESTENDA OS PROPÓSITOS DE DEUS PARA AS PESSOAS AO SEU REDOR

Quando estou entendendo os propósitos de Deus, minha confiança de que ele está no trono, de que ele está no controle, me leva a uma aceitação profunda de Deus e, consequentemente, a uma autoaceitação profunda. Confio que ele e eu estamos trabalhando como sócios, em conjunto.

Existe uma atitude que me libera de me preocupar com o que outros podem estar pensando de mim. Com essa atitude, já não vivo para agradar aos outros ou preocupado com o fato de que eles não gostarão de mim. **A chave para essa atitude são duas perguntas:**

1. O que Deus está fazendo na vida do outro? Essa pergunta me leva à oração. Ela me leva a querer entender o outro, ao invés de ser entendido. E me leva a querer ajudar, ao invés de me preocupar em ser ajudado, a amar, ao invés de ser amado, a servir, ao invés de ser servido!

2. Como posso ajudar Deus nisso? Como posso tomar-me sócio dele? Minha bússola é Deus. Suas opiniões, desejos e propósitos me orientam. Já não me oriento mais por outras pessoas, procurando satisfazê-las. Eu me adapto a outros, não porque sou preso às opiniões deles, com medo do que vão pensar ou dizer, mas me adapto porque entendo que tenho dons, experiências, fruto do Espírito para servir ao outro, para que ele seja encorajado na caminhada de tornar-se mais como Cristo e cumprir os propósitos de Deus para a sua vida. Que liberdade maravilhosa!

> *Instrutor: repasse a tarefa para a próxima semana e então divida os participantes em grupos, como na semana passada.*

TAREFA PARA O PRÓXIMO ENCONTRO

1. Faça a autoavaliação no começo do próximo capítulo e leia a seção "Para estudar", sublinhando os pontos importantes e fazendo anotações nas margens.
2. Faça um diário espiritual sobre a área do estresse com base em Tiago 1.2-5, respondendo a duas perguntas:
a) O que Deus está me dizendo?
b) O que vou fazer com base nisso (aplicação)?
3. *Opcional, se houver tempo*: Anote outros versículos que nos ajudam a entender melhor o estresse e como superá-lo.

PERGUNTAS PARA REFLEXÃO E DISCUSSÃO

1. Reserve dez minutos para escrever a Deus o que você está sentindo, ou use sua imaginação santificada para escrever o que você sente que Deus pode estar falando a você agora.

_____

_____

_____

_____

_____

_____

_____

_____

_____

_____

_____

_____

_____

_____

_____

2. Compartilhe com seu grupo uma das coisas que mais mexeu com você neste estudo. Se você escreveu uma oração sobre isso, fique à vontade para lê-la a seus companheiros (*30–35 minutos*).
3. *Opcional*: Compartilhe com base na sua autoavaliação; se alguém no grupo tem uma necessidade séria que quer compartilhar, use o restante do tempo para ouvi-lo (a) e ministrá-lo (a).
4. Terminem a sessão compartilhando pedidos de oração e orando juntos (*20–25 minutos*).

BIBLIOGRAFIA COMENTADA

ANDERSON, Neil. *Quebrando correntes: como vencer a guerra espiritual.* São Paulo: Mundo Cristão, 1990/1994. 255 páginas. **Excelente explicação de nossa identidade verdadeira em Cristo.** Veja o comentário na página 213.

BORGES FILHO, Jader. *A história de uma espinha.* São Paulo: Abba-Press. 1996. 65 páginas. Esse livro divertido tem a metade das páginas ilustradas. De forma simples, atraente e provocativa expressa a procura de **identidade de um adolescente.** (esgotado)

LANGBERG, Diane; Clinton, Tim. *Guia pratico para o aconselhamento de mulheres.* Curitiba: Esperança, 2012. Capítulo "Autoestima e aprovação" (p. 77-83).

NARRAMORE, Bruce. *Você é alguém especial.* São Paulo: Mundo Cristão, 1978/1985. 116 páginas. **O melhor livro que conheço sobre a área de autoimagem e autoaceitação.** Explica bem o papel do amor-próprio e o que é a humildade verdadeira, desenvolvendo um conceito bíblico do "self" e indicando como ter uma autoestima saudável.

SEAMANDS, David. *O poder curador da graça.* São Paulo: Vida, 1988/1990. 178 páginas. Ajuda a quebrar o poder do **legalismo** e o **perfeccionismo.** Veja o comentário na página 75.

STAFFORD, Tim. *Por que Deus me fez assim? Como vencer os sentimentos de inferioridade e melhorar sua imagem própria.* Belo Horizonte: Betânia, 1980/1983. 143 páginas. Escrito especialmente para **jovens,** de forma inspirativa. Trata do **autodesprezo** e de como pensar corretamente. Ajuda a identificar o objetivo da vida e a experimentar o perdão, a graça e o amor de Deus.

TROBISCH, Walter. *Amar a si mesmo: autoaceitação e depressão.* São Paulo: ABU, 1976/1982. 63 páginas. Nesse livreto **clássico,** Trobisch aborda de forma simpática, pessoal e bem prática os temas de amor-próprio e aversão própria: autoaceitação e autorrejeição; a alegria de viver e as profundezas da depressão.

8 ENTENDENDO A FORÇA DO ESTRESSE

Queridos irmãos, a vida de vocês está cheia de dificuldades (estresse) e de tentações? Então, sintam-se felizes, porque quando o caminho é áspero (estressante), a perseverança de vocês tem uma oportunidade de crescer. Portanto, deixem-na crescer, e não procurem desviar-se dos seus problemas. Porque, quando a perseverança de vocês estiver afinal plenamente crescida, vocês estarão preparados para qualquer coisa, e serão fortes de caráter, íntegros e perfeitos. Se quiserem saber o que Deus quer que vocês façam, perguntem-lhe, e Ele alegremente lhes dirá, pois está sempre pronto a dar uma farta provisão de sabedoria a todos os que lhe pedem; Ele não se ofenderá com isso.

Tiago 1.2-5, BV

(Jesus chama:) Venham a mim, todos os que estão cansados e sobrecarregados (estressados), e eu lhes darei descanso. Tomem sobre vocês o meu jugo e aprendam de mim, pois sou manso e humilde de coração, e vocês encontrarão descanso para as suas almas. Pois o meu jugo é suave e o meu fardo é leve.

Mateus 11.28-30

AUTOAVALIAÇÃO DE SEU NÍVEL DE ESTRESSE

Enquanto vivermos, o estresse existirá. Especialmente nas grandes cidades a vida corrida acarreta muito estresse. Em um dia podemos experimentar várias demandas: a de levantar cedo quando estamos cansados, de sair correndo para não atrasarmos, de lutar com o trânsito, de satisfazer nosso chefe, de satisfazer nossos clientes ou subordinados, de concluir o trabalho antes do horário de sair; de lutar com o trânsito novamente; de agir como pessoa amável ao entrar em nossa casa; de satisfazer as necessidades de todos em casa; de comer rápido se tivermos um compromisso à noite; de participar de uma reunião sem cochilar; e de chegarem casa cansadíssimos não sabendo se

132   Introdução à restauração da alma

conseguiremos dormir bem por causa das preocupações que estão esquentando nossa cabeça ou da festa que esquenta na casa vizinha.

Estresse! Todos conhecemos bem! Se alguém entregasse diplomas nesse campo, a maioria de nós ganharia o mestrado! Somos mestres quanto a conhecer bem o estresse, mas possivelmente, não tão bons quanto a canalizar o estresse para que seja positivo. O estresse, estando fora de controle, se toma uma aflição, esgotando-nos e deixando-nos vulneráveis a problemas emocionais e doenças físicas.

Holmes e Rahe, professores de psiquiatria na Escola de Medicina na Universidade de Washington, entrevistaram mais de cinco mil pessoas para identificar as atividades mais ligadas à enfermidade (*Chicago Tribune*, 18/07/72). Baseados nisso desenvolveram uma escala de atividades que requerem reajustes em nossa vida. Cada reajuste é estressante, e há outras experiências constantes que também podem ser estressantes. Eu acrescentei algumas delas à lista de Holmes e Rahe, colocando esses itens numa lista separada ao final.

O nível do estresse está indicado no valor na frente do item, medido segundo Holmes em "Unidades de Mudança de Vida" (UMVs). Anote o valor correspondente aos UMVs no espaço em branco na frente de cada item que você experimentou apenas <u>neste último ano</u>. Ao final, some todos os seus pontos.

# de UMVs		EVENTO
_____	100	Morte do cônjuge
_____	73	Divórcio
_____	65	Separação do cônjuge
_____	63	Encarceramento
_____	63	A morte de um membro da família muito querido
_____	53	Doença ou ferimento físico
_____	50	Casar-se
_____	47	Ser mandado embora do trabalho
_____	45	Reconciliação matrimonial
_____	45	Aposentar-se
_____	45	Mudança no estado de saúde de um membro da família
_____	40	Gravidez
_____	39	Dificuldades sexuais

_____	39	Ganho de novo membro na família
_____	39	Reajustamento no trabalho
_____	38	Mudança de estado financeiro
_____	37	Morte de um amigo íntimo
_____	36	Mudança para outro tipo de trabalho
_____	35	Mudança no número de brigas com o cônjuge
_____	31	Assumir prestações ou uma dívida grande (equivalente a mais de 6 meses de renda)
_____	30	Perda de crédito
_____	29	Mudança de responsabilidades no trabalho
_____	29	Filho ou filha saindo da casa
_____	29	Problemas com os sogros ou cunhados
_____	28	Realização pessoal extraordinária
_____	26	Cônjuge começando ou parando de trabalhar
_____	26	Começar ou concluir estudos
_____	25	Reforma ou mudança no seu espaço pessoal na casa
_____	24	Mudança de hábitos pessoais
_____	23	Problemas com o chefe
_____	20	Mudança nas horas ou condições de trabalho
_____	20	Mudança de residência
_____	20	Mudança de escola
_____	19	Mudança em participação na igreja
_____	18	Mudança em atividades sociais
_____	17	Assumir prestações ou uma dívida menor (equivalente a menos de 6 meses de renda)
_____	16	Mudança em hábitos de dormir
_____	15	Mudança em número de encontros familiares
_____	15	Mudança em hábitos de comer
_____	13	Férias
_____	12	Natal
_____	11	Uma infração da lei (sem ser encarcerado)
_____		Outro (Item ____ da lista abaixo)
_____		Outro (Item ____ da lista abaixo)
_____		TOTAL

ITENS ADICIONAIS
A. 65 Ser mãe solteira vivendo com seus filhos
B. 50 Conflitos sérios com membro da família em casa
C. 45 Trabalhar e/ou estudar por um período de 60 horas ou mais, semanalmente
D. 30 Conflitos sérios com a liderança da igreja
E. 30 Ter um filho de quatro anos ou menos em casa
F. 30 Gastar duas horas ou mais no trânsito diariamente
G. 28 Participar de mais de quatro reuniões semanais na igreja
H. 25 Ter mais de um filho de quatro anos ou menos em casa
I. 18 Conflitos sérios com os vizinhos

Você notará que uma mudança significativa como aposentadoria traz outras mudanças como: alterações em condições financeiras, mudança em responsabilidades no trabalho e mudança quanto a seu espaço pessoal em casa. Uma mudança grande nunca acontece de forma isolada. Holmes e Rahe calculam que alguém que tem menos de 150 pontos de estresse <u>no último ano</u> tem só 33% de possibilidade de doença séria nos próximos dois anos. De 150 a 300 pontos, a possibilidade sobe para 50%. Acima de 300 pontos, cuidado! Existe uma possibilidade de 80% de você ter um problema sério de saúde, podendo ser enfermidade, acidente, cirurgia ou doença emocional.

Sem dúvida, nem todo mundo vai encaixar-se nessa predição. Algumas pessoas, com pouco estresse, podem ficar frequentemente doentes por causa de outros fatores estressantes, como ser viciado, estar lidando com feridas emocionais, não ter apoio pessoal ou ter uma autoimagem baixa que causa ansiedade. Outras pessoas com um total alto de pontos não ficarão doentes porque têm bastante apoio pessoal e sentem-se confiantes quanto a si mesmos. Cada pessoa tem um jogo de fatores que trabalha a favor de, ou contra, ela.

PARA ESTUDAR
Enquanto você lê, não se esqueça de sublinhar pontos importantes e colocar anotações na margem. Especial-

mente coloque a palavra "Eu?" com um ponto de interrogação onde você vê algo que possa estar relacionado a você.

Nesse capítulo sobre o estresse, como nos capítulos anteriores, vamos responder de forma <u>introdutória</u> e <u>simples</u> a quatro perguntas:

A. O que é estresse?

B. Por que muitas pessoas se sentem estressadas?

C. Quais os resultados do estresse?

D. Como superar o estresse?

Se quiser se aprofundar nesse tema, consulte os livros recomendados no final do capítulo.

A. O QUE É ESTRESSE?

O estresse é um problema emocional? Físico? É um problema do interior ou surge das circunstâncias exteriores? E sempre é ruim? Pode ser saudável? Essas e outras perguntas serão respondidas neste capítulo, começando com a definição de estresse.

O dicionário diz: "Estresse é qualquer força exercida sobre um corpo (ou entidade) que tende a comprimir ou alterar a sua forma". O estresse pode ter causas interiores ou exteriores. Pode ser físico, químico ou emocional resultando em tensão física ou mental. O estresse pode contribuir com certos problemas emocionais ou doenças, porém esses problemas ou doenças também podem causar estresse. Pode acabar sendo um círculo vicioso que suga a energia emocional e física da pessoa, levando-a à depressão, ou se já estiver deprimida, aprofundando-a.

Mesmo que seja um pouco complicado definir o estresse, permita-me dar-lhe a minha definição. Em seguida, como nos capítulos anteriores, explicarei cada frase.

> O estresse é nossa resposta às pressões que desequilibram nossa vida.
> O impacto do estresse depende de nossos recursos físicos, emocionais e espirituais.

1. O ESTRESSE É NOSSA RESPOSTA ÀS PRESSÕES

Não importa a natureza do estresse, nosso corpo responde a uma pressão aguda preparando-se para atacar ou fugir. O coração bate mais rápido e mais forte, a pressão sobe, começamos a suar, a tensão muscular aumenta, a adrenalina dá um pulo e mais gordura e açúcar são liberados no sangue como combustível preparando para ação imediata.

Você conhece esses sintomas? A maioria de nós se sente assim quando tem de dar uma palestra, fazer uma prova, ou conhecer o novo chefe. Experimentamos estresse quando recebemos uma ligação no meio da noite, quando uma criança corre atravessando uma rua movimentada, ou quando, de alguma forma, nos sentimos ameaçados.

Mas nem todo estresse e seus efeitos são tão óbvios. O estresse de uma autoimagem negativa, um emprego onde não nos sentimos realizados, carências não atendidas e trabalho que não conseguimos completar é tão real como os estresses agudos acima, e os efeitos podem ser igualmente desastrosos. Pressão alta, dor de cabeça crônica, cansaço crônico, dificuldades intestinais e desconforto menstrual agravado, muitas vezes, são os resultados desses estresses contínuos.

O estresse é fundamental à nossa saúde; em si mesmo não é destrutivo. De fato, estamos sempre sob alguma forma de pressão, mesmo dormindo. No início, essa pressão nos motiva, nos estimula, nos ajuda a produzir, nos leva a alturas além do que iríamos sem ela.

Quando o estresse ultrapassa nossa habilidade de responder bem, nossa produtividade começa a cair e se transforma em aflição. Se não atendemos aos sinais do estresse, corremos perigo de doença e outros problemas emocionais. Estar estressado ao ponto de aflição normalmente indica que precisamos diminuir o ritmo e reavaliar se estamos agindo com as nossas próprias forças ao invés de permitir que o Espírito Santo se assente no trono (para ficar no controle) da nossa vida. Como Kathy Miller diz:

Quando Deus nos criou, ele nos deu um corpo capaz de resistir ao estresse, sabendo que sempre teríamos de enfrentá-lo. Mas ele queria que fizéssemos isso na sua dependência. Quando tentamos agir por nossa própria conta, a tensão se acumula e o estresse se transforma em aflição (1995: 81).

A aflição é uma indicação de que nossa vida não está em harmonia, não está equilibrada. Vejamos, com mais detalhes, esse assunto de equilíbrio e desequilíbrio emocional.

2. O ESTRESSE É A RESPOSTA AO DESEQUILÍBRIO DE NOSSA VIDA

Uma lei física e psicológica é que tudo sempre está procurando chegar ao equilíbrio ou manter o equilíbrio, chama-se "Princípio da Homeostase". Quando nosso corpo se sente desequilibrado quanto à alimentação, exercício, descanso ou outras necessidades físicas, manda um recado à nossa mente. Se nós não respondemos ao recado, este se torna mais urgente podendo ser acompanhado por desconforto e até por dor. Se não prestarmos atenção à dor, é provável que outros sistemas do corpo vão começar a entrar em desequilíbrio também.

Esta mesma experiência acontece na área de necessidades emocionais e espirituais. Quando alguma coisa está desequilibrada em nossos relacionamentos, em nossas emoções ou em nossa vida espiritual, nossa alma ou espírito manda um recado à nossa mente. Perdemos o sentido de harmonia e paz que indica equilíbrio. Se não respondermos a esse recado interior, a esse alarme, ele se torna mais urgente podendo ser acompanhado por desconforto e até dor. Sempre existe um custo muito alto se não prestarmos atenção à dor. A repressão (endurecimento) da dor emocional, bem como da dor espiritual, normalmente levará outras áreas de nossa vida a entrarem em crise, a entrarem em desequilíbrio. Pode ser que, quando reconheçamos que estamos estressados, várias áreas de nossas vidas já estejam desequilibradas.

Vivemos em um estado contínuo de transição do equilíbrio para o desequilíbrio e vice-versa. Mudanças, e o estresse que as acompanham, nos tiram do equilíbrio, do conforto, da passividade, levando-nos a um desequilíbrio. Responder ao estresse de uma forma saudável nos leva de volta ao equilíbrio. O estresse se torna negativo

138 Introdução à restauração da alma

quando não conseguimos responder bem a ele e começamos a viver de uma forma desequilibrada. Isto se complica porque a lei que leva ao equilíbrio é tão forte que nós buscamos um ajuste, muitas vezes inconsciente, para equilibrar a dimensão desequilibrada! Por essa razão, o estresse não resolvido, muitas vezes, leva a sintomas de doenças físicas (desequilíbrio).

Por incrível que pareça, Deus nos "convida" ao estresse! Não existe crescimento, nem mudança, sem estresse. Em lugar da palavra "estresse" a Bíblia usa palavras como tribulações, provas e tentações. **Esses estresses nos rodeiam porque o mundo não funciona segundo a harmonia e os valores de Deus.** O mundo ao nosso redor funciona dentro de um equilíbrio artificial, um equilíbrio instável! Os valores do mundo são: humanismo, individualismo, materialismo, relativismo, narcisismo (dedicação à própria aparência), hedonismo (dedicação ao prazer) e egoísmo. O espírito deste mundo o leva a ser desequilibrado. Esses "ismos" refletem uma filosofia de vida dedicada a tais áreas. Se nós sentimos estresse, quando confrontados com esses valores e atitudes, não devemos nos assustar.

Não sentir estresse em relação ao mundo indica que nós nos equilibramos ou nos ajustamos dentro do seu sistema desequilibrado. Às vezes igrejas inteiras podem se acomodar a um ou outro espírito ou valor deste mundo, deixando-nos sentir que somos bons crentes porque todos nossos irmãos na fé pensam ou agem da mesma forma. Mas as cartas às igrejas nos primeiros capítulos de Apocalipse deixam muito claro que igrejas inteiras podem ser seduzidas a se equilibrar segundo os valores e pensamentos do mundo.

Então, o estresse é positivo, porque nos força a crescer, nos leva a depender de Deus e nos leva a alturas que não chegaríamos sem ele. O estresse torna-se negativo quando não aguentamos tanto desafio e começamos a recuar no crescimento, na dependência de Deus e a parar de subir às alturas ainda não alcançadas. Há trinta anos, Alvin Toffler se tornou famoso com seu livro *O choque do futuro*. A tese dele é simples: mudanças estão chegando às nossas vidas mais e mais rapidamente a cada ano. As estruturas de estabilidade tradicionais e centros comunitários como a família, a vizinhança, a igreja e a escola, estão perdendo seu poder num ritmo alarmante. Para alguém que vive em uma cidade grande e, mais ainda, para alguém que muda de um lugar rural ou cidade pequena para uma cidade grande, as mudanças podem vir tão rapidamente, que a pessoa não aguenta o choque.

Lembro-me de quando eu e minha família nos mudamos para o Brasil em junho de 1990. Minha filha Raquel tinha cinco anos e logo que chegamos a mandamos para a escola. A professora não sabia o que fazer com ela porque ela ficava chorando todos os dias. A professora a mandava parar de chorar e quando não obedecia, a tachava de criança malcriada e desobediente. Na verdade, em certo sentido, era exatamente o oposto: Raquel é a mais doce e sensível de todos nossos quatro filhos. Por isso, o choque cultural e o estresse foram mais fortes para ela do que para os outros. Olhando pelo retrovisor do tempo, isso fica patente, mas naqueles momentos, estávamos incertos e confusos sobre o que fazer.

Quantas pessoas se encontram numa situação como a da Raquel! Não estão conseguindo lidar bem com a vida. Não estão conseguindo responder à altura das expectativas de outros, especialmente os que estão em autoridade. Algumas pessoas podem tachá-las de forma negativa, discriminando-as, procurando discipliná-las e até rejeitando-as por não cumprirem os critérios "normais" dos demais.

No ano seguinte, Raquel teve sérios problemas desde o início, na escola. Nós demos a ela a opção de repetir o ano. Ela ficou muito feliz com essa opção! Repetindo o ano, ela ganhou o prêmio de melhor estudante de sua turma. Hoje é uma mocinha bem ajustada, que ama a Deus, leva a sério sua vida devocional, suas responsabilidades na igreja, gosta da escola e tem boas amigas. Mas para ela conseguir isso tinha que ter um período (um ano!) de sossego e ajuda de outros que a aceitavam como era, a apoiavam e não colocaram muitas demandas sobre ela, permitindo assim a recuperação do estresse.

Existem três etapas que seguem uma experiência que nos ameaça ou nos força a nos adaptar rápido demais dentro de um certo período.

A) A etapa de *alarme*, quando nosso corpo se apronta para o desafio. Fazemos o possível para resolver o estresse logo, mas não conseguindo passamos para a segunda etapa.

140 Introdução à restauração da alma

B) A etapa de *perseverança*, quando resistimos ao estresse, mas não conseguimos manter toda a energia física e emocional que tivemos na primeira etapa. Se não conseguirmos resolver o desequilíbrio a esta altura, passamos para a terceira etapa.

C) A etapa de *esgotamento*, quando passamos a experimentar uma queda emocional. Se não conseguirmos alívio, isto passará a afetar os órgãos do corpo, levando à doença e apressando a morte.

Até aqui temos falado sobre estresse num sentido geral mas, na próxima seção, indicaremos algumas das causas mais específicas do estresse.

B. POR QUE MUITAS PESSOAS SE SENTEM ESTRESSADAS?

Nós nos sentimos estressados quando o nível do estresse que estamos enfrentando ultrapassa nossos recursos físicos, emocionais e espirituais. Os desafios, então, se tornam ameaças. O estresse se torna aflição. Esse tipo de estresse negativo flui de várias fontes:

1. Falta de uma visão simples e clara de Jesus e de seu reino;
2. Materialismo e problemas financeiros;
3. Falta de prioridades divinas, viver na tirania do urgente;
4. Expectativas (nossas e de outros);
5. Defesas emocionais que sugam nossa energia;
6. Maus hábitos.

Os três primeiros itens são tratados de forma extensa em um módulo de oito estudos sobre a vida simples que se encontra na Bíblia de Discipulado (SBB) começando com o texto de Miqueias 6.8; veja mais informações no Índice de Assuntos.

1. FALTA DE UMA VISÃO SIMPLES E CLARA DE JESUS E DE SEU REINO

> Afastemos de nós qualquer coisa que nos torne vagarosos ou nos atrase, e especialmente aqueles pecados que se enroscam tão fortemente em nossos pés e nos derrubam; e **corramos com perseverança** a carreira especial que Deus pôs diante de nós. **Mantenham o olhar firme em Jesus**, *nosso líder e orientador.*
>
> Hebreus 12.1-2, BV

A falta de uma visão simples e clara é a raiz de todas as outras fontes de estresse. Sem essa visão, e sem perseverarmos nela, teremos problemas sérios com nossa perspectiva (Mt 6.22-23). Se não estamos ocupados com o reino de Deus antes de tudo (Mt 6.33), descobriremos logo que estamos pré-ocupados com toda e qualquer outra coisa. Essa pré-ocupação nunca foi a intenção de Deus; consequentemente nos traz bastante estresse. Se você encontra-se aflito pela preocupação, recomendo o excelente livro de Kathy Miller, *Quando o amor se transforma em ira: uma ajuda para mães estressadas*, especialmente o capítulo dez.

2. MATERIALISMO E PROBLEMAS FINANCEIROS

Materialismo é a filosofia de vida centralizada em coisas materiais. Basicamente, o valor da pessoa é baseado em suas posses e condições financeiras. Nós compramos uma grande briga e muito estresse, quando permitimos que a televisão, os nossos vizinhos, os irmãos na igreja, os colegas no trabalho e na escola, ou os outdoors determinem para nós o que precisamos ter para experimentar uma vida feliz.

Se passarmos a basear nossos valores no que o mundo valoriza quanto a coisas materiais, nos entregaremos a um enorme estresse. Pior ainda se formos cristãos, porque Jesus ensina claramente que não podemos servir o materialismo e a Deus ao mesmo tempo (Mt 6.24). Procurar fazer uma aliança com dois senhores nos deixa superfrustrados e estressados. Acabaremos dedicando-nos a um e desprezando o outro.

Quando não vivemos segundo nossas necessidades e optamos por viver segundo os nossos desejos, entramos em estresse. Pior ainda quando ficamos escravizados financeiramente com prestações e dívidas. Se você se encontra nessa situação, seria bom pedir conselho a alguém experiente e maduro nessa área.

3. FALTA DE PRIORIDADES DIVINAS, VIVER NA TIRANIA DO URGENTE

Deixe-me dar um resumo breve de prioridades divinas. Elas começam com colocarmos Deus em primeiro lugar e obedecermos a ele. Algumas atividades relacionadas são nosso tempo devocional individual e com a família e participar de um culto semanal no qual haja um bom tempo de louvor e uma mensagem de Deus.

Ligada a esta primeira está a prioridade de nos manter em boa forma física, emocional e espiritual. Devemos nos exercitar fisicamente, comer de forma saudável e descansar o suficiente. O padrão de descansar um dia na semana foi estabelecido na criação (Gn 2.2,3) e colocado como um dos dez mandamentos (Ex 20.8-11; veja Lv 26.34-35 e 2Cr 36.17-21 para entender a seriedade com a qual Deus leva o descanso).

A segunda prioridade para os casados é o cônjuge, seguida pelos filhos. A terceira é a igreja, na qual devemos ter um grupo pequeno, onde experimentamos a igreja em miniatura. **As seguintes prioridades seriam: trabalho, a vizinhança e a sociedade (que inclui a política).** Um módulo de oito estudos sobre a vida simples se encontra na *Bíblia de Discipulado* (SBB), começando com o texto de Miqueias 6.8; veja mais informações no Índice de Assuntos.

Toda vez que invertemos a ordem de prioridades trazemos mais estresse a nossa vida. O estresse pode ficar fora de controle quando existe mais de uma organização, pessoa ou grupo que acham ter o direito da principal prioridade em nossa vida. Para a pessoa casada, depois de Deus, a primeira prioridade é o cônjuge e a família. Se o chefe do trabalho ou a igreja procurar assumir a primeira prioridade, o que é muito comum, precisamos ser firmes em comunicar uma visão divina para nossa vida que inclui prioridades divinas. Na pior das hipóteses, precisamos mudar de emprego ou de igreja se eles não estão nos permitindo manter as prioridades divinas.

É comum assumirmos um excesso de compromissos, especialmente se estamos envolvidos na igreja. **Pelo menos uma ou duas vezes por ano devemos avaliar o que vamos *parar* de fazer para ter uma vida equilibrada e aberta às novas oportunidades e aventuras que Deus tem para nós.**

O quadro acima se complica muito se a mãe tem de trabalhar fora e ainda mais, se for mãe solteira. Muitas vezes é necessário trabalhar fora, mas se a mulher não tomar boas providências, acabará tendo uma vida superestressada por não conseguir viver segundo as prioridades de Deus. Nessa área recomendo o capítulo onze do livro de Kathy Miller citado acima. As mulheres que trabalham fora de casa devem ter bastante cobertura e apoio de sua liderança espiritual (marido, discipulador, pastor), para não ficarem superestressadas. Se

Entendendo a força do estresse 143

ficarem superestressadas, no decorrer do tempo, acabarão não tratando bem a seus filhos e gerando uma família disfuncional.

4. EXPECTATIVAS (NOSSAS E DE OUTROS)

Kathy Miller, escrevendo para as mulheres, diz:

> Grande parte do estresse tem sua origem nas expectativas: o que esperamos de nós mesmas e o que acreditamos que os outros esperam de nós [...] até o que pensamos que Deus espera de nós. Essas expectativas em geral são de que devemos ser perfeitas. Todavia, ninguém é perfeito (p. 81).

O primeiro ladrão de nosso contentamento e paz nessa área são nossas próprias expectativas. **Nossos alvos, muitas vezes, não são realistas. Achamos que a vida cristã normal é ser sempre vitorioso.** Esquecemos que os grandes gigantes da fé não eram sempre vitoriosos. Reveja os heróis da fé em Hebreus 11 e verá que todos falharam e muitos, terrivelmente. Nosso problema vem quando não queremos aceitar a nós mesmos como seres humanos que erram. Não queremos perdoar a nós mesmos e não aceitamos o perdão de Deus. Ficamos presos ao perfeccionismo e à culpa falsa de nunca sermos suficientemente perfeitos. Trataremos mais desse problema no seguinte capítulo sobre a culpa falsa e verdadeira.

O segundo ladrão de nosso contentamento e paz nessa área é deixar as expectativas de outras pessoas nos controlarem. É impossível agradar a todo mundo o tempo todo. Na verdade é impossível agradar uma única pessoa o tempo todo! Mas quantas pessoas, em sua insegurança e falta de autoaceitação, estão presas na procura de agradar a todos ao seu redor. Ficamos estressados correndo atrás do impossível e mais estressados ainda quando fica evidente que não conseguimos!

Em terceiro lugar, muitos atribuem grandes expectativas a Deus e vivem no medo constante de não conseguirem agradá-lo. Desenvolvem uma perspectiva distorcida de Deus e acham que ele é severo, impessoal e autoritário. Alguns acham que ele mede a verdadeira espiritualidade segundo uma lista de critérios que nunca aparecem na Bíblia. Esse legalismo os escraviza e, pior ainda, os leva a escravizar outros em nome de Deus. Outra expectativa errada é pensar que Deus nos valoriza segundo o que produzimos. Isto nos leva a um ativismo descontrolado. Muitos se dedicam mais ao <u>trabalho</u> de

144 Introdução à restauração da alma

Deus do que a ele próprio. A obra se torna um ídolo, deixando a pessoa de Deus em segundo plano. O ativista perde de vista as prioridades divinas. Pior ainda quando esse ativismo é na igreja, porque, em nome de Deus, cônjuges e filhos são deixados de lado com consequências terríveis: feridas, amargura, rebelião e afastamento de Deus. Tal ativismo é, muitas vezes, um certo tipo de defesa emocional, que nos leva à quinta fonte de estresse.

5. DEFESAS EMOCIONAIS QUE SUGAM NOSSA ENERGIA

Construímos defesas emocionais para esconder ou controlar nossa ira (capítulo quatro), medo (capítulo cinco), depressão (capítulo seis) e autorrejeição (capítulo sete). Se quiser conhecer mais sobre isto, leia o capítulo seis do livro de LaHaye e Phillips, *A ira: uma opção*, no qual os autores descrevem dezesseis das defesas emocionais mais comuns. Para que você entenda melhor essas defesas, comentarei algumas delas aqui de forma breve:

Compensação: diminuir ou vencer uma fraqueza ou limitação chamando a atenção para uma característica ou atributo forte ou favorável. O ativismo é um exemplo disto.

Racionalização: justificar conduta, crenças e sentimentos com argumentos que não são os verdadeiros motivos envolvidos. Por exemplo: "uvas verdes" refere-se ao argumento de que algo que não deu para atingir não seria bom, de qualquer forma.

Projeção: chamar atenção para comportamentos, traços ou motivos indesejáveis nos outros, a fim de desviar a atenção destes mesmos traços em sua própria pessoa. Pessoas críticas, céticas e julgadoras, muitas vezes, usam dessa defesa.

Egocentrismo: ganhar reconhecimento não mediante realizações socialmente aprovadas, mas chamando atenção para si de alguma outra maneira. Isto pode incluir uma pessoa que age como palhaça, cômica ou boba, tanto quanto outra que sempre fala como se fosse a esperta.

Repressão: mantendo fora do campo da consciência sentimentos e lembranças dolorosas que não tem condições de enfrentar. Às vezes pessoas que sofreram abuso sexual ou outro grande trauma não conseguem se lembrar de certos períodos ou pessoas.

Perfeccionismo: fugir à culpa ou às críticas, tentando fazer tudo perfeitamente. Este mecanismo também permite sentir-se justificada em apontar a imperfeição nos outros. O exemplo mais óbvio disso pode ser o legalista.

Cada defesa é construída para não sentir dor. Mas cada defesa tem um custo alto, como se houvesse um imposto diário para mantê-la. O custo é a energia emocional que é sugada para manter a defesa. Quanto maior for o número ou o tamanho das defesas, menor energia emocional teremos para tratar dos estresses normais da vida. Vivemos, então, estressados por circunstâncias que não afetam tão profundamente a outros membros da família ou a colegas no trabalho.

6. MAUS HÁBITOS

Maus hábitos, como beber muito café (que é estimulante e aumenta a tensão), não fazer exercícios regulares e não se cuidar quanto à alimentação aceleram o estresse. Fazer cooper ou andar bem rápido, por uns vinte a trinta minutos, três vezes por semana, ajuda tremendamente a diminuir o estresse acumulado.

Charles Cerling Jr. escreveu um excelente livro nessa área: *Liberte-se dos maus hábitos*, no qual dá passos positivos para eliminarmos práticas destrutivas. Ele indica como a maioria dos maus hábitos pode ser superada no espaço de um mês. Como resultado, recebemos alívio de tensão, de estresse e de culpa. O livro sugere como superar sentimentos de derrota, entender por que esses hábitos persistem, controlar os pensamentos e ações e resistir às tentações. Ver também Diane Langberg e Tim Clinton, *Guia pratico para o aconselhamento de mulheres*, capítulos "Vício em drogas e álcool" e "Vício em sexo" (p. 367-386).

Para resumir, o acúmulo de pressões, desafios e responsabilidades torna-se esgotante se ultrapassa nossos recursos físicos, emocionais e espirituais. Comentamos brevemente aqui sobre seis fontes de estresse: 1) Falta de uma visão simples e clara (ser cheio do Espírito); 2) Materialismo e problemas financeiros; 3) Falta de prioridades divinas; 4) Expectativas; 5) Defesas emocionais; 6) Maus hábitos. Esses problemas facilmente se juntam uns com os outros. Na próxima seção veremos as consequências de tudo isso.

146 Introdução à restauração da alma

C. QUAIS OS RESULTADOS DO ESTRESSE?

A revista norte-americana *Time* (6/6/83), relatou que os **resultados econômicos** pela ausência ao serviço relacionada ao estresse, com as despesas médicas das empresas e com a perda de produtividade, eram estimados entre 50 a 75 bilhões de dólares por ano, ou seja, 750 dólares por trabalhador. O artigo indicou que as três drogas mais usadas naquele país eram: calmantes, drogas para hipertensão e uma medicação para úlcera. A revista *Training* (fevereiro de 1985) citou uma pesquisa indicando que um em cada cinco homens americanos tem um infarto antes dos sessenta anos. Outras pesquisas indicam que um homem de 35 anos, com pressão de 15/10, tem uma expectativa de vida de dezesseis anos e meio, menos do que um homem da mesma idade com pressão de 12/8. Essas pesquisas indicam que **60% das visitas aos médicos são por causa de doenças ligadas ao estresse.**

Lembro-me do que aconteceu no final de 1992. Débora havia tentado esconder de mim uma crescente preocupação sua sobre uma possível doença séria. Havia períodos em que ela perdia a visão, outros que o lado esquerdo de seu corpo ficava adormecido e noutros, sofria de enxaqueca. Quando já não dava mais para esconder ou racionalizar os sintomas, fomos a um médico. Os resultados indicaram que ela não tinha nenhum problema físico. Fomos a um especialista em neurologia. Depois de alguns testes simples, ele nos deu seu diagnóstico: estresse.

Tivemos dificuldade em acreditar. Como pôde isto acontecer conosco, missionários dedicados ao Senhor, abençoados e abençoando a muitos, cheios do Espírito (pelo menos, razoavelmente cheios!)? Já estávamos no Brasil há dois anos e meio e havíamos passado pelas principais adaptações básicas. Não conseguimos identificar as raízes do estresse, a não ser nossa vida "normal" que sempre tinha um certo nível de estresse com o qual estávamos acostumados. Mas decidimos fazer uma experiência. Já que estávamos entrando em férias, concordamos que Débora mudaria radicalmente seu ritmo de vida. Faríamos uma experiência de um mês. Nesse mês todos os sintomas sumiram e nunca mais voltaram!

Uma das principais consequências do estresse é física. Os seguintes problemas, muitas vezes, estão ligados ao estresse:

- Dor de cabeça por causa da tensão, dor nas costas.
- Cãibras e espasmos musculares.

- Dor no pescoço e ombros, dor na mandíbula, artrite.
- Pressão alta, taquicardia (coração batendo irregularmente), hemorragia cerebral.
- Transpiração exagerada, asma, problemas respiratórios.
- Dor de estômago, problemas digestivos, diarreia.
- Problemas abdominais, obstrução de ventre, alergias.
- Ansiedade, gripes frequentes, doenças contagiosas.
- Problemas na pele, algumas formas de câncer.
- Hipoglicemia (baixo nível de açúcar no sangue).
- Hipo ou hipertiroidismo.
- Coração batendo rápido, com alta pressão ou perda de força.
- Insônia, fadiga, depressão.
- Comer demais ou de menos.
- Álcool ou abuso de outras drogas.
- Disfunção sexual, instabilidade emocional.
- Temores e fobias.
- Algumas disfunções de aprendizagem.

Muitas vezes, dores crônicas, não importando onde, são relacionadas ao estresse. Técnicas de relaxamento ajudam muitas pessoas com tais dores.

Outra consequência principal do estresse é o esgotamento: os recursos físicos e mentais ficam exaustos. Esgotamento é a consequência de um estresse contínuo, sem alívio, causado por hiperintensidade ao cumprir certos alvos. Os sintomas de esgotamento são: irritabilidade geral, impaciência, agressividade além do normal, falta de alegria ou prazer, opressão devido a muitos compromissos, acréscimo no ritmo do coração, desejo maior de movimentar-se, não conseguir ficar sentado, movimentos nervosos com as mãos, insônia, dificuldade em se concentrar, cansaço, pressão alta, começo dos problemas físicos indicados acima e crescente uso de drogas e álcool.

A pessoa pode ficar viciada ao ativismo até chegar o dia em que o corre-corre constante acabará com seus recursos emocionais. Aí entra o esgotamento. Antes de a pessoa esgotar-se, já tem consequências sérias. A primeira vítima do ativismo é o cônjuge do viciado em ativismo. A segunda vítima são os filhos.

148 Introdução à restauração da alma

Os sinais de alguém viciado no ativismo são quatro:

1. Ter uma carga horária de sessenta, setenta ou mais horas de trabalho semanais.
2. Falar frequentemente sobre o que tem produzido ou sobre o que está fazendo.
3. Não conseguir dizer "não".
4. Não conseguir descansar ou relaxar. Não conseguir parar, sempre procurar algo para fazer.

Em resumo, o estresse acarreta resultados muito sérios física e emocionalmente. A seguinte seção nos indica como podemos superar o estresse negativo ou desgastante.

D. COMO SUPERAR O ESTRESSE?

Quando estou estressado e isso está se tornando aflição, preciso:

1. Entender a fonte do estresse.
2. Enxergar os propósitos de Deus (Tg 1.2-5).
3. Escolher a melhor forma de responder ao estresse.

1. ENTENDA A FONTE DO ESTRESSE

Já indicamos seis fontes de estresse (p. 140 em diante). Volte à página 140 para rever a lista. Depois, se você tem se sentido estressado, anote abaixo as fontes que você acha que mais o estão afetando:

1. _____
2. _____
3. _____

Uma vez que identificamos as fontes que estão nos afetando, devemos passar para o segundo passo, que é enxergar os propósitos de Deus.

2. ENXERGUE OS PROPÓSITOS DE DEUS (Tg 1.2-5)

Falamos acima que o estresse não resolvido tem três etapas: o alarme, a perseverança e o esgotamento. As primeiras duas dessas etapas estão refletidas em Tiago 1.2-5, com o qual abrimos este capítulo. As provas (estresse, alarme) levam à perseverança. Paulo reflete a mesma atitude de Tiago quando diz:

> Podemos nos alegrar, igualmente, quando nos encontrarmos diante de problemas (desequilíbrio) e lutas (estresse) [ETAPA UM] pois sabemos que tudo isto é bom para nós — ajuda-nos a aprender a ser pacientes (perseverantes) [ETAPA DOIS]. E a paciência desenvolve em nós força de caráter, e nos ajuda a confiar mais em Deus cada vez que a utilizamos, até que finalmente a nossa esperança e a nossa fé fiquem fortes e sólidas. Então, quando isso acontecer, poderemos sempre erguer a cabeça, seja lá o que for que aconteça, e saber que tudo vai bem, pois conheceremos quanto Deus nos ama; sentiremos também este seu amor afetuoso em todo o nosso ser, pois Deus nos deu o Espírito Santo para encher nossos corações com o seu amor.
>
> Romanos 5.3-5, BV

Os versículos quatro e cinco indicam o caminho para não entrar na terceira etapa, a do esgotamento. Precisamos: 1) Enxergar os propósitos de Deus; e 2) Ter uma experiência real de amor que nos apoia durante o estresse e nos leva ao crescimento, ao invés da derrota.

Podemos visualizar dois caminhos quanto ao estresse, um negativo e outro positivo:

O estresse negativo
Estresse ⇒ perseverança ⇒ esgotamento ⇒ que pode levar à morte.

O estresse positivo
Estresse ⇒ perseverança ⇒ caráter ⇒ amor, fé e esperança!

Com esta perspectiva, voltando às fontes do estresse que você destacou, responda a esta pergunta usando outra folha ou caderno: quais são os propósitos de Deus através dessas fontes? O que ele está procurando me dizer?

Para poder andar no caminho do estresse positivo, precisamos enxergar os propósitos de Deus e optar por cooperar com ele. Ao entendermos esses propósitos, saberemos como responder ao estresse.

150 Introdução à restauração da alma

3. ESCOLHA A MELHOR FORMA DE RESPONDER AO ESTRESSE

Kathy Miller sugere cinco formas de responder ao estresse (p. 103- -107): reajustar, expressar, atacar (ou confrontar), tolerar e recuar:

A. Reajustar

Débora precisou reajustar-se ao estresse, mudando suas atividades. Outras vezes precisaremos mudar nossos alvos, prioridades ou expectativas, especialmente se enxergamos que eles não são o que Deus quer. Jesus nos convida a tomar o seu jugo *"porque ele se ajusta perfeitamente"* (Mt 11.29, BV). Pode ser que nossos olhos não tenham estado fixos nele. Nesse caso precisamos reajustá-los.

B. Expressar

Da mesma forma que precisamos expressar nossa ira (p. 70- 72), precisamos expressar nosso estresse. Se não assumimos a responsabilidade de expressar nossos sentimentos de forma saudável, acabaremos expressando-os de uma forma que machucará a outros, especialmente os de nossa família. Se não sabemos como expressar muito bem verbalmente, outra opção é expressar de forma escrita. Ajuda tremendamente manter um diário espiritual no qual você pode anotar o que está sentindo, o que Deus está falando e o que irá fazer com base no que Deus falou.

C. Confrontar

Na maioria das seis fontes de estresse negativo existem coisas que precisam ser confrontadas. Possivelmente, até devem ser reconhecidas como erradas ou pecaminosas. Nesse caso, os passos corretos a seguir são: 1) Arrependermo-nos, 2) Pedirmos perdão, e 3) Restituirmos.

D. Tolerar

Às vezes, existem coisas que não podemos mudar, pois estão fora de nosso controle. Por exemplo: Débora, já casada, passou por uma crise ao ver que sua mãe continuava agindo como sempre, de forma fria e sem amor maternal. Teve, então, dois encontros com uma psicóloga que conhecia bem sua mãe. A psicóloga aconselhou que, em vez de esperar que sua mãe demonstrasse amor maternal, Débora deveria aceitá-la com suas incapacidades. Conforme Débora conseguiu aceitar sua mãe nesse sentido, o estresse que sentia se resolveu (mesmo que ela tenha sentido tristeza pelo amor que nunca iria ter).

E. Recuar

Muitas vezes, os estresses da vida ameaçam nos afogar. Acho que nós, que somos introvertidos, podemos ter este sentimento com mais frequência. Várias vezes, nos últimos meses, eu tenho ficado tão estressado com ministrações e a constante renúncia pessoal que acompanha minhas viagens, que ao chegar em casa, não quero ver ninguém. Débora me entende e me ajuda a ter tempo sozinho sem interrupções, para recuperar o fôlego emocional.

Isto aconteceu um certo domingo. Eu estava frustrado, irritado e simplesmente não via que seria bom ir ao culto naquela noite. Vendo meu estado emocional, Débora me encorajou a ficar em casa. Fiz isso e, na verdade, quando minha família voltou da igreja, eu estava muito mais disposto a ser um bom pai e marido!

Às vezes, esse tipo de decisão tem a ver com simples circunstâncias especiais; outras vezes, tem a ver com manter o equilíbrio fundamental de nossas vidas. Por exemplo, no colégio meu filho Daniel teve aulas diariamente das 8 da manhã às 3:15 da tarde, e ainda o período de treino dos esportes. Além disso, duas vezes por semana, à noite, ele fazia karatê; outra noite um estudo bíblico com colegas do colégio; sábado à noite ele era líder de um grupo de adolescentes na igreja: fazia lições de música, dedicava algum tempo a seu hobby de desenhar e tinha várias outras atividades regulares a cada semana. Concordamos em dispensá-lo da escola dominical. Toda a família ia para a igreja e ele ficava sozinho em casa domingo de manhã, desfrutando algumas horas de sossego que ele não encontrava facilmente durante o resto da semana.

Para resumir, havendo entendido as fontes de nosso estresse e os propósitos de Deus no meio dele, podemos identificar qual a melhor forma de responder ao estresse: reajustar, expressar, confrontar, tolerar ou recuar. Respondendo bem, podemos sair do estresse negativo que leva ao esgotamento e entrar no estresse positivo que leva ao desenvolvimento de caráter.

> *Instrutor: repasse a tarefa para a próxima semana e então divida os participantes em grupos como na semana passada.*

TAREFA PARA O PRÓXIMO ENCONTRO

1. Faça a autoavaliação no começo do próximo capítulo e leia a seção "Para estudar", sublinhando os pontos importantes e fazendo anotações nas margens.
2. Faça um diário espiritual sobre a área da culpa falsa e verdadeira com base em Gálatas 4.8-11; 5.1-4, respondendo às duas perguntas:
   a) O que Deus está me dizendo?
   b) O que vou fazer com base nisso (aplicação)?
3. *Opcional (se houver tempo)*: Anote outros versículos que nos ajudam a entender melhor a culpa falsa e verdadeira como também o perdão falso e verdadeiro.

PERGUNTAS PARA REFLEXÃO E DISCUSSÃO

1. Reserve dez minutos para escrever a Deus o que você está sentindo ou use sua imaginação santificada para escrever o que você sente que Deus pode estar falando a você agora.

_____
_____
_____
_____
_____
_____
_____
_____
_____
_____

2. Compartilhe com seu grupo uma das coisas que mais mexeu com você nesse estudo. Se você escreveu uma oração sobre isso, fique à vontade para lê-la a seus companheiros (*30-35 minutos*).
3. *Opcional*: Compartilhe com base na sua autoavaliação ou se alguém no grupo tiver uma necessidade séria que quer compartilhar, use o restante do tempo para ouvi-lo (a) e ministrar a ele (a).
4. Terminem a sessão compartilhando pedidos de oração e orando juntos (*20-25 minutos*).

BIBLIOGRAFIA COMENTADA

CERLING Jr., Charles. *Liberte-se dos maus hábitos*. São Paulo: Candeia, 1988/1988. 144 páginas. Este livro nos mostra que a maioria dos **maus hábitos pode ser superada no espaço de um mês.** Fazendo o que o livro indica, você superará seus sentimentos de derrota, entenderá por que seus hábitos persistem, aprenderá a controlar seus pensamentos e ações e a resistir às tentações.

MILLER, Kathy Collard. *Quando o amor se transforma em ira: uma ajuda para mães estressadas*. São Paulo: Candeia, 1985/1995, 183 páginas. **Um livro superprático dirigido às mães,** mas com boas aplicações para outras pessoas também. Trabalha sobre os temas:

recuperando a estima na autoimagem (seis capítulos); lidando positivamente com a ira (três capítulos); não permitindo que o estresse se transforme em aflição (quatro capítulos); disciplinando seu filho com eficiência (três capítulos); e reconstruindo a si mesma e a seu filho (quatro capítulos). Termina cada capítulo com algumas perguntas ou exercícios para ajudar na prática.

MORLEY, Patrick. *O homem de hoje*. São Paulo: Mundo Cristão, 1989/1992. 375 páginas. Escrito especialmente para o homem de negócios ou profissional, mas também aplicável às mulheres. **Trata de solucionar os problemas em seis campos: a identidade, os relacionamentos, o dinheiro, o tempo, o temperamento e a integridade.** Tem perguntas no final de cada capítulo para reflexão e aplicação. Excelente para ser estudado em grupo.

SMITH, Malcolm. *Esgotamento espiritual: quando fazer todo o possível não é suficiente*. São Paulo: Vida, 1988/1991. 205 páginas. Trata da realidade de que as formas pelas quais expressamos nossa espiritualidade perdem seu sentido através do tempo. As formas se tornam legalismos. Smith indica como superar esses legalismos, essas formas vazias, e **redescobrir a graça de Deus**.

Um módulo de oito estudos sobre a vida simples se encontra na *Bíblia de Discipulado* (SBB), começando com o texto de Miqueias 6.8; veja mais informações no Índice de Assuntos.

9 ENTENDENDO A CULPA FALSA E A VERDADEIRA

> *Como é feliz o homem que tem suas desobediências perdoadas e seus pecados cobertos! Como é feliz o homem cujos pecados Deus apagou e está livre de más intenções em seu coração! Eu tentei, por algum tempo, esconder de mim mesmo o meu pecado. O resultado foi que fiquei muito fraco, gemendo de dor e aflição o dia inteiro. De dia e de noite sentia a mão de Deus pesando sobre mim, fazendo com as minhas forças o que a seca faz com um pequeno riacho. O sofrimento continuou até que admiti minha culpa e confessei a ti o meu pecado. Pensei comigo mesmo: "Confessarei ao Senhor como desobedeci às suas Leis." Quando confessei, Tu perdoaste meu terrível pecado.*
> Salmos 32.1-5, BV

> *Porém, se vivemos na luz, como Deus está na luz, então estamos unidos uns com os outros, e o sangue de Jesus, o seu Filho, nos limpa de todo pecado. Se dissermos que não temos pecados, enganamos a nós mesmos, e não há verdade em nós. Mas se confessarmos os nossos pecados a Deus, ele cumprirá a sua promessa e fará o que é justo: perdoará os nossos pecados e nos limpará de toda maldade.*
> 1João 1.7-9, BLH

AUTOAVALIAÇÃO DE SEU SENTIMENTO DE CULPA

A culpa está ligada a todos os temas dos cinco capítulos anteriores. Quando uma pessoa age levada pela raiva ou pelo medo, quando está deprimida ou luta contra uma autoimagem negativa, ela geralmente terá de lidar com um sentimento de culpa. Até o estresse traz sequelas de culpa por não agirmos com amor, sensibilidade e alegria, ou quando perdemos o desejo de ajudar ou servir a mais alguém. A culpa é tão difusa, tão generalizada, tão ligada a todos os problemas emocionais que não consegui encontrar alguém que desenvolvesse uma autoavaliação nessa área. Tal possibilidadese complica ainda mais porque, como veremos abaixo, existem muitos tipos de culpa, como a culpa objetiva, subjetiva, verdadeira e falsa.

Toda autoavaliação é subjetiva, e essa oferecida abaixo, provavelmente, é ainda mais subjetiva que as outras neste livro. Ao mesmo tempo, nos ajudará a aproveitar mais a leitura que segue. A autoavaliação é composta de quatro medidas de culpa: frequência, duração, natureza e forma de resolvê-la. Cada resposta ganha um certo número de pontos, que devem ser somados ao final.

Número de
pontos

1. Escolha uma opção:
   A. Eu me sinto culpável todo o tempo.   4
   B. Eu me sinto culpável quase a cada hora.   3
   C. Eu me sinto culpável várias vezes na semana.   1
   D. Quase nunca me sinto culpável.   2

2. Quanto me sinto culpável, normalmente:
   A. Resolvo dentro de uma hora ou pelo menos
      até o final do dia.   1
   B. Resolvo dentro de alguns dias.   2
   C. Resolvo dentro de um mês.   3
   D. Levo meses para resolver ou simplesmente
      não consigo resolver.   4

3. Quando me sinto culpável:
   A. Sei exatamente o que eu fiz de errado.   1
   B. Sinto uma convicção específica, mas tendo
      a me difamar pelo que fiz.   2
   C. Sinto uma culpa generalizada, que atinge toda
      minha vida.   3
   D. Sei que não presto, que sou assim mesmo, que
      não tem jeito de mudar o quadro.   4

4. Normalmente, resolvo meu sentimento de culpa por meio de:
   A. Arrepender-me, pedir perdão e fazer restituição. 1
   B. Afastar-me da pessoa ou evento que me leva a
      sentir assim.   2
   C. Responder com raiva, atacando os que me
      fazem sentir mal ou atacando a mim mesmo.   3
   D. Negar ou racionalizar o sentimento, procurando
      esquecer dele, às vezes, por meio de bebidas,

drogas, sono, comida, compras ou atividades religiosas, sexuais ou sociais.   4

Anote o total dos pontos de suas quatro respostas: _____

Você pode interpretar sua nota da seguinte forma:

04   Você é extremamente saudável quanto à culpa (ou está se enganando!).
05-07 Você tem alguns problemas ao lidar com a culpa que, provavelmente, podem ser contornados coma ajuda de alguém.
08-10 Você tem problemas sérios quanto à culpa que precisam de aconselhamento e, possivelmente, restauração.
11-12 Seus problemas são profundos, precisando de um tratamento intensivo e sério.
13-16 Seus problemas estão paralisando você, indicando necessidade urgente de restauração e, possivelmente, ajuda profissional.

PARA ESTUDAR

Enquanto você lê, não se esqueça de sublinhar pontos importantes e colocar anotações na margem. Especialmente, coloque a palavra "Eu?", com um ponto de interrogação, onde você vê algo que possa estar relacionado a você.

Neste capítulo sobre culpa, como nos capítulos anteriores, vamos responder de forma <u>introdutória</u> e <u>simples</u> a quatro perguntas:

A. O que é culpa falsa e verdadeira?

158   Introdução à restauração da alma

B. Por que muitas pessoas se sentem culpadas?
C. Quais os resultados de culpa não resolvida?
D. Como superar a culpa falsa?

Se quiser aprofundar esse tema, consulte os livros recomendados no final do capítulo.

A. O QUE É CULPA FALSA E CULPA VERDADEIRA?

A culpa, mais do qualquer outra área emocional, é um assunto no qual a Psicologia e a Teologia têm um interesse comum e, ao mesmo tempo, brigam seriamente. A briga surge das pressuposições antagônicas. A Psicologia secular não acredita em Deus. Sem uma base absoluta e divina para identificar o bem e o mal, a Psicologia tem dificuldade com o conceito de pecado. Isso leva a uma grande confusão quanto a como tratar o sentimento de culpa. Neste capítulo, começaremos com uma perspectiva bíblica sobre a culpa e o pecado, e com essa base passaremos para outros aspectos em que a culpa se torna mais complicada.

O que podemos chamar de **culpa verdadeira** está indicada nas duas passagens bíblicas com as quais abrimos este capítulo. É a **culpa do pecado, havendo agido contra a vontade de Deus**, não alcançando o glorioso ideal dele (Rm 3.23). Seja em ação, atitude ou pensamento. O Espírito de Deus, o Espírito *Santo*, nos dá convicção do pecado, e nos leva a sentir culpáveis e ajudando-nos a entender os ideais de Deus (a justiça) e as consequências de nosso pecado (o juízo) (Jo 16.8). Esse sentimento está expressado em vários Salmos penitenciais (Sl 32, 38, 51, 85, 102, 130, 143).

A culpa verdadeira é saudável quando respondemos a ela de forma correta. Ela nos estimula a mudar nossa atitude, pensamento e ação para abandonar o mal e abraçar o bem. Assim como a ira é saudável para confrontar ou corrigir o mal, e o medo é saudável para nos afastar do perigo, a culpa é saudável para nos ajudar a reconhecer o mal, afastar-nos dele e nos comprometer novamente com o bem.

Nossa consciência luta contra o egoísmo, que é a raiz de nossa atração para o mal. **A culpa é uma arma formidável que nossa consciência chama à batalha quando é ferida.** A culpa luta contra nosso egoísmo. Se for atendida, o resultado é muito positivo. Se for reprimida, racionalizada ou negada, o resultado é terrível. No começo, a culpa só ataca o mal em nós. Mas quando procuramos ignorá--la, é como se estivéssemos forçando-a para baixo, enterrando-a. Ela começa a ser empurrada para outras áreas de nossas vidas, tanto físicas como emocionais e espirituais.

A culpa foi criada por Deus para lutar contra o pecado em nós e nos liberar dele. Mas quando não nos aliamos com a culpa, ela começa a lutar não só contra o mal em nós, mas contra nós mesmos, de forma geral. O que deveria ser um aliado para andarmos com saúde emocional acaba se tomando um inimigo, até respondermos de forma certa: com arrependimento, pedindo perdão e fazendo restituição.

A culpa verdadeira, reprimida, torna-se complicada. A cena torna-se bem mais complicada quando entra a culpa falsa. **A culpa falsa é quando nós mesmos, outros, ou Satanás, nos acusam de havermos pecado ou errado e o Espírito de Deus não está nos convencendo disso.** Isso pode acontecer quando expectativas não bíblicas são elevadas à altura de leis absolutas. Também acontece quando nós, nossos pais ou outras pessoas que queremos satisfazer colocam expectativas não realistas que não podemos cumprir. Começamos a conviver com critérios do bem e do mal que não vêm de Deus. Um dos resultados mais comuns é nos tacharmos de maus porque não conseguimos viver segundo o exagerado conceito do bem no qual fomos condicionados a pensar que era "certo" ou "normal".

Além de nos esgotarmos emocionalmente na procura de alvos não realistas, lutamos contra um sentimento de culpa que não é fácil resolver. Esse sentimento de culpa, se não for resolvido, nos paralisa. A culpa fascina os psicólogos, porque muitas pessoas são afligidas por ela e porque eles não sabem muito bem como ajudá-las a se liberar desse sentimento. Deixem-me, mais uma vez, oferecer uma definição de um termo bastante complicado: o sentimento de culpa.

> **Sentimento de culpa é o mal-estar emocional que surge quando reconhecemos que temos errado, ferido ou desapontado a outros, e que agora precisamos sofrer as consequências.**

Vamos ver cada frase com mais detalhes.

1. CULPA: É O MAL-ESTAR EMOCIONAL QUE SURGE QUANDO RECONHECEMOS QUE TEMOS ERRADO

Esse mal-estar emocional vai muito além de um reconhecimento intelectual de haver errado. Chega a nosso coração. Sentimos uma tristeza, possivelmente uma profunda dor.

Muitas pessoas não conseguem se reconciliar, mesmo quando alguém pede perdão. Por quê? A razão mais comum é que o ofensor está pedindo um perdão barato, um perdão que não custa nada. Está pedindo em nível intelectual, que não chega ao coração da outra pessoa. Pior ainda é quando a pessoa ofendida diz que perdoa, mas as palavras ficam ocas, não liberando, verdadeiramente, o coração do ofensor. Querendo apenas cumprir com o dever cristão de perdoar, a pessoa ofendida fala só "da boca para fora". No nível emocional e de relacionamento (e espiritual?), nada é resolvido.

Para atingir e liberar o coração do ofendido, o ofensor precisa pedir perdão consciente da dor que ele causou. Ele precisa refletir nessa dor até que seu coração seja atingido por ela, entristecido e quebrantado. Quando o sentimento de culpa chega a ser um reconhecimento emocional da ofensa, e não apenas intelectual, o perdão verdadeiro pode fluir. Esse perdão é caro e real, não é barato e artificial. David Augsburger trata muito bem disso em seu livro com título duplo: *Importe-se o bastante para perdoar (verdadeiro perdão) e Importe-se o bastante para não perdoar (falso perdão)* (esgotado). Ver também David Stoop, *Perdoando nossos pais, perdoando a nós mesmos*, em que o autor trabalha sobre famílias disfuncionais e aspectos psicológicos e filhos adultos disfuncionais e perdão.

2. CULPA: RECONHECENDO QUE TEMOS FERIDO OU DESAPONTADO OUTROS

Quando reconhecemos que ferimos outras pessoas, normalmente queremos sarar essa ferida. Lembro-me do dia em que a equipe da Sepal estava fazendo uma avaliação em grupos pequenos, onde cada pessoa dava notas a si mesmo e a cada um do grupo. Quando compartilhamos, eu expliquei algumas notas baixas em referência a um colega. Ele ficou magoado, não tanto pelas notas, mas por eu nunca ter-lhe falado sobre os problemas que eu percebia na forma de ele se relacionar com outras pessoas, até que o expus no grupo. Quando ele me falou de como se sentira derrotado, eu me senti terrível. Reconheci que, ao invés de ajudá-lo, o havia ferido. Pedi-lhe perdão e me comprometi a falar diretamente com ele, no futuro, toda vez que eu visse ou sentisse que havia algo negativo na forma de ele se comunicar ou se relacionar com as pessoas.

O reconhecimento do mal que temos feito se aprofunda quando reconhecemos que temos feito mal contra Deus. Depois do adultério do rei Davi com Bate-Seba e o assassinato de seu marido, Urias, Davi clama a Deus *"Pequei contra ti, somente contra ti"* (Sl 51.4). Ele não pecou contra Urias também? Contra Bate-Seba? Claro que sim! Mas a profundidade da dor que Davi havia causado a Deus comoveu-o tanto que as ofensas às outras pessoas, apesar de terríveis, nem se comparavam.

Muitos também sentem culpa quando desapontam outros. Muitas vezes, essa não é culpa verdadeira; é **culpa falsa, autoimposta, ou imposta pelo outro, por não ter atingido as próprias expectativas ou as do outro.** Uma pessoa que não se aceita, tendo sentimento de inferioridade, é uma vítima fácil dessa culpa falsa. **Em vez de ter uma definição própria do que é bom, ela deixa as expectativas de outra pessoa governarem sua vida.** Uma criança com um pai ou mãe com grande tendência para manipular, dominar ou controlar os outros, ao crescer, naturalmente, deixará as expectativas de outros controlarem sua vida.

Lembro-me, por exemplo, do começo do meu namoro com Débora. Eu gostava de conversar com seus pais, discutindo diferentes perspectivas sobre vários assuntos. Repetidas vezes, após uma boa discussão, Débora ficava abalada e assustada. "David, ninguém pode discutir com minha mãe. Ela entrará em crise e será terrível para todos nós se não concordarmos com ela". Eu enxergava a conversa como uma simples discussão intelectual, não tendo que me conformar com as expectativas de minha futura sogra. A perspectiva da Débora era diferente, a de conformar-se às expectativas do outro e às terríveis consequências, se isso não fosse feito.

A vida de alguém como Débora pode ser controlada por culpa falsa. Quando se torna adulta, as expectativas do cônjuge, do pastor ou do chefe no trabalho podem controlá-la. Muitas pessoas deixam uma igreja ou uma empresa dominar suas vidas, sacrificando outros

162 Introdução à restauração da alma

valores pessoais. Já comentamos no capítulo anterior a importância de dar prioridade primeiro a Deus e logo à família. A pessoa que se deixa ser controlada pelas expectativas de outros eventualmente encontra-se presa entre a culpa falsa e a culpa verdadeira. Gasta-se na vã tentativa de viver segundo as expectativas da outra pessoa (que leva à culpa falsa) e portanto, por não viver segundo as expectativas e prioridades de Deus, também sente culpa verdadeira.

3. CULPA: RECONHECENDO QUE PRECISAMOS SOFRER AS CONSEQUÊNCIAS

Quando nosso coração é quebrantado, estamos dispostos a sofrer as consequências de nosso pecado. Davi expressou isso quando falou:

> Pequei contra ti, somente contra ti. Eu sei que condenas o mal que cometi. Tu tens toda a razão em me castigar; o teu julgamento é perfeitamente justo. (Sl 51.4, BV.)

Existem pelo menos dois erros grandes quanto ao conceito de sofrer as consequências de nosso pecado. O primeiro é procurar evitar tal sofrimento, não admitindo nosso erro ou pecado. Mas a culpa não resolvida traz consequências sérias dentro de nós. Perdemos a alegria de viver. Sentimo-nos constrangidos quando estamos com a pessoa que ferimos. Abrimos uma brecha para Satanás nos afligir. A culpa escondida começa a mexer com nossas emoções e corpo, como expressa o Salmo citado no começo deste capítulo (v. 3-5).

O segundo erro é procurar sofrer como forma de pagar pela dor que causamos. Cada pecado tem consequências naturais que temos de enfrentar. Por exemplo: a relação sexual antes do casamento deixa a pessoa sem sua virgindade, gerando uma relação de desconfiança básica e, às vezes, com alguma doença ou tendo de se responsabilizar por uma gravidez não esperada. Todas essas consequências são naturais e não podem ser evitadas. Mas a ideia de se autopunir, desprezando a si mesmo e procurando se castigar, não vem de Deus. Aqui entra o conceito humano da penitência. Esquecemos ou ignoramos que Jesus já pagou as consequências eternas e espirituais na cruz (2Co 5.21) e uma vez que nós, arrependidos, pedimos perdão, ele nos perdoará (1Jo 1.9). Precisamos pagar as consequências sociais e físicas, mas as consequências espirituais já foram pagas por Jesus.

Havendo explicado aqui as culpas verdadeira e falsa, num sentido geral, na próxima seção indicaremos algumas das causas mais específicas da culpa.

B. POR QUE MUITAS PESSOAS SE SENTEM CULPADAS?

Nós nos sentimos culpados quando reconhecemos que temos errado, ferindo ou desapontando alguém. Se tratarmos com a culpa como Deus quer que façamos, o sentimento de culpa desaparecerá. Arrependendo-nos, pedindo perdão e restituindo o que temos feito de errado, seremos liberados. Graças a Deus!

Muitas pessoas sentem-se culpadas porque não conseguem se arrepender. A vergonha de confessar que estamos errados, às vezes, é mais forte do que nosso desejo de consertar nosso erro. Se a pessoa não tiver a habilidade de humilhar-se diante de Deus e receber dele a graça para se humilhar diante de outras pessoas, pode ficar presa ao sentimento de culpa.

Além disso, Gary Collins destaca várias causas de culpa em seu livro *Aconselhamento cristão* (p. 103-105). Com base no que ele indica, **permita-me destacar três causas:**

1. APRENDIZADO PASSADO E EXPECTATIVAS PESSOAIS POUCO REALISTAS

Já discutimos esse problema quando falamos de culpa falsa (p. 158). O aprendizado passado pode incluir o sentimento de inferioridade e pressão social. Collins acrescenta:

> Os padrões individuais quanto a certo e errado, bom e mau, geralmente se desenvolvem na infância. Para alguns pais os padrões são tão rígidos e tão altos que o filho quase nunca os alcança. Os elogios ou encorajamentos são praticamente nulos, pois os pais jamais se satisfazem. Em lugar disso a criança é culpada, condenada, criticada e castigada com tanta frequência que se sente um constante fracasso. Como resultado, **surge a autoacusação, autocrítica, sentimentos de culpa e inferioridade persistentes, tudo porque a criança aprendeu um conjunto de padrões algumas vezes impossível de alcançar** [...] Os sentimentos de culpa são um meio tanto de castigar a nós mesmos como de nos estimular a

164 Introdução à restauração da alma

fazermos melhor da próxima vez [...] A resposta para os problemas de padrões irreais é estabelecer alvos realistas (p. 107).

2. DESENVOLVIMENTO FALHO DE CONSCIÊNCIA

Nossa consciência é desenvolvida pelo ambiente social no qual somos criados. Ela pode ser superdesenvolvida, de forma exagerada, fazendo com que a pessoa se sinta culpada ou ache os outros culpados em áreas nas quais Deus nunca o faria. Por exemplo: algumas igrejas elevam "costumes" ao nível de doutrinas bíblicas. Pessoas que não mantêm esses costumes podem ser discriminadas socialmente ou disciplinadas publicamente. Elas podem entrar em conflitos, adotando padrões de culpa que não provêm de Deus ou, resistindo a fazer isso, sentem culpa por não concordar com seus líderes espirituais.

O outro lado da moeda é a consciência fraca ou "cauterizada". A pessoa costuma mentir, sonegar impostos, exceder o limite de velocidade na estrada, enganar outros, desenvolver práticas sexuais incorretas ou dezenas de outras coisas erradas. Se a pessoa foi criada num ambiente que demonstrava isso, ou quando adolescente ou jovem passou a adotar erros e pecados como "normal", a consciência dela pode se cauterizar. Outras vezes, ela só parece durona, "macho" ou sem sentimento quanto a coisas erradas, quando, na verdade, está vivendo um drama interno terrível de luta entre sua consciência e sua forma de viver.

O cristão pode enfrentar outra dificuldade: a de não ter um ambiente de apoio que encoraje a manifestação sincera dos pensamentos e avaliação ponderada da experiência. Tem faltado a muitos adolescentes e jovens instruções sadias da Bíblia, bons modelos adultos que possam ser seguidos e a compreensão tanto da realidade do perdão como do fruto apropriado do arrependimento. Eles acabam abandonando os critérios bíblicos do bem e do mal ou se afogando em autorrecriminação. Collins comenta o seguinte:

> Treinados a pensar rigidamente em termos de certo e errado, convencidos de suas próprias imperfeições e incompetências, temendo fracassos ou castigo, e desconhecendo a possibilidade de obter completo perdão por parte de Deus, essas pessoas são constantemente perseguidas por sentimentos de culpa. Esses sentimentos não surgem como resultado de tristeza por se ter cometido alguma falta

nem remorso por se ter quebrado a lei. Trata-se de sinais, mostrando que a pessoa acha-se preocupada com medo de castigo, isolamento ou baixa autoestima. A fim de proteger-se, tais indivíduos muitas vezes são rígidos, são dominadores e inclinados a manifestar uma atitude de superioridade moral. São pessoas de trato difícil na igreja, e quase sempre indivíduos zangados, infelizes, que precisam mais de ajuda e compreensão que de críticas (p. 105).

3. INFLUÊNCIA DEMONÍACA

Tudo o que Deus tem dado para nosso bem, Satanás tenta distorcer para causar divisão, briga e destruição. Autoritarismo no lugar de autoridade serviçal, carnalidade no lugar de sexo com amor no casamento e o uso ou abuso de dons espirituais, sem amor, são algumas das muitas áreas que Satanás tem pervertido. Satanás procura distorcer a culpa ou aproveitar-se das distorções indicadas acima.

Uma ferramenta poderosa de Satanás é a acusação. Ele é identificado como *"o acusador de nossos irmãos, que os acusa diante de nosso Deus, dia e noite"*(Ap 12.10). Além de nos acusar diante de Deus, eu acredito que ele joga sujo conosco, provando-nos com acusações ou aproveitando as muitas acusações que outros e nós mesmos nos fazemos. Quando estamos irados, facilmente acabamos acusando-nos ou a outros. Há uma grande diferença entre confessar nossa ira e acusar os outros em relação a ela (cf. pp. 70-71).

Podemos ser levados a nos sentir terrivelmente culpados quando existe pouca ou nenhuma base objetiva para essas acusações. Existe uma diferença grande, mas sutil, entre a convicção do Espírito Santo e a acusação do Maligno. Quando o Espírito nos está convencendo do pecado, ele trata de atos concretos, é específico e sentimos um alívio grande quando nos arrependemos e pedimos perdão. Em contraste com isso, o Acusador não condena um ato específico, mas a nós como pessoas, dizendo coisas como:

"Você é terrível. Sempre foi e sempre será."

"Você nunca será a esposa de que seu marido precisa."

"Seu marido nunca será o esposo de que você precisa."

Podemos nos condenar com esse tipo de frases sem nenhuma interferência de influência demoníaca. Outras vezes, eu acho que demônios podem aproveitar nossas fraquezas para nos atormentar. Em vez de tratar de coisas específicas, sentimos uma <u>culpa geral</u> da qual não conseguimos descobrir a raiz. E quando procuramos nos

166 Introdução à restauração da alma

arrepender e confessar, não adianta. O sentimento de culpa continua. Isso pode ser porque temos culpa reprimida que não temos resolvido. Também pode ser opressão demoníaca. Nesse caso, precisamos nos submeter a Deus, resistir a Satanás e ele fugirá de nós (Tg 4.7). Entregando-nos a Deus, pedindo a sua proteção e que a luz de seu Espírito nos ilumine, podemos renunciar aos espíritos de confusão, acusação, culpa falsa e coisas parecidas. Declarando nossa verdadeira identidade (p. 201-204), deixaremos Satanás e suas mentiras sem poder. Os demônios fugirão à luz da verdade. Tenho feito isso várias vezes e tenho sentido uma libertação tremenda. Ao mesmo tempo, pode ser que essa libertação não aconteça, se tivermos culpa reprimida em alguma área de nossa vida. Nesse caso, podemos precisar de ministração de restauração ou da ajuda de um profissional.

C. QUAIS OS RESULTADOS DA CULPA NÃO RESOLVIDA?

Normalmente, as pessoas carregadas de culpa sentem-se ansiosas, cansadas e deprimidas; algumas sofrem dores de cabeça e outros sintomas físicos. Há pessoas que tentam ajustar-se com seus sentimentos de culpa, condenando-se exageradamente e odiando-se a si mesmas. Tal reação, geralmente, levará a pessoa a ter um conceito muito diferente de seu próprio valor, e a acreditar que será censurada e olhada de forma inferior pelos que a rodeiam. Isto a pode tomar vítima da depressão.

Muitas pessoas sentem-se particularmente culpadas por guardarem em si hostilidades contra seus pais, cônjuges, filhos e outros parentes próximos. Por exemplo, se um indivíduo sente hostilidade para com sua mãe, é provável que pergunte a si mesmo: "Como é possível eu ter aversão pela pessoa que fez tanto por mim?" Sua consciência responde: "Por que você é mau" Isso se traduz em um dano severo à sua autoestima. Ele sente-se indigno. **Uma reação comum perante a culpa é de autocastigo** (Hoff, p. 248-249).

Outro resultado comum é nos afastarmos dos outros. Não nos sentimos bem quanto a nós mesmos. Consequentemente, não nos sentimos bem quanto a nos abrir para outros. Física ou emocionalmente, nos afastamos. Tornando-nos solitários, facilmente nos tornamos críticos também, distanciando-nos assim de outros e mantendo um muro de proteção ao nosso redor.

Outra resposta à culpa pode ser algum mecanismo de defesa emocional. Não conseguimos manter um sentimento de culpa por muito tempo sem procurar explicar, esconder ou nos proteger desse sentimento. A psicologia tem desenvolvido uma lista extensa de mecanismos de defesa, alguns dos quais citamos no capítulo anterior. Paul Hoff, em seu livro *O pastor como conselheiro*, dedica um capítulo à descrição de dez desses mecanismos. Além dos que já indicamos (p. 144-145), ele explica os seguintes mecanismos:

1. **Regressão:** voltando à conduta infantil, chorando, gritando, ficando de mau humor.

2. **Substituição:** sendo ferido, mas não tendo coragem ou oportunidade para enfrentar a pessoa, e então descarregando a frustração em outra pessoa inocente, mais fraca.

3. **Sublimação:** direcionando uma emoção negativa ou frustrada em direção positiva, como, por exemplo, apaziguando a raiva por meio de participação nos esportes.

4. **Identificação:** agindo como outros que admira ou cujo sucesso gostaria de ter. Pode copiar a roupa, o estilo pessoal, formas de falar ou agir ou outras características da outra pessoa ou grupo.

5. **Fantasia:** muito conhecido por todos, esse mecanismo leva a pessoa a um mundo imaginário onde ela se dá bem, especialmente nas áreas onde não se dá bem na realidade. Algumas pessoas, sem perceber, se perdem em romances, novelas ou televisão, não vivendo uma vida real, mas sentindo-se vivos por meio de terceiros.

6. **Formação reativa:** uma emoção disfarçando-se em outra oposta. Por exemplo: alguém que tem sentimentos negativos contra outra pessoa pode agir com expressões de carinho e uma máscara, que ocultam o sentimento real. Tais expressões são exageradas e fora do normal. Quem as recebe sente-se mal.

7. **Projeção:** projeta ou atribui suas fantasias, problemas ou emoções para outra pessoa.

D. COMO SUPERAR A CULPA FALSA?

A culpa verdadeira é limpa. Em comparação com a culpa falsa ou distorcida, é relativamente fácil de superar. Requer humildade e

168 Introdução à restauração da alma

quebrantamento, que na verdade, não vêm naturalmente a ninguém. Mas, se procuramos essas qualidades em Deus e confessamos nosso pecado, ele é fiel e justo para nos perdoar (1Jo 1.9). Às vezes, confessamos e ainda nos sentimos culpáveis. Pode ser porque não nos arrependemos de verdade, ou pode ser porque não acreditamos verdadeiramente no perdão de Deus. Mas na maioria das vezes o problema surge porque estamos enfrentando culpa falsa ou fictícia.

Relembrando: **a culpa falsa é o sentimento de condenação que provém de não responder às nossas autoexpectativas ou às expectativas de outros que não têm base nenhuma nas leis de Deus ou do país.** Essa culpa precisa ser reconhecida, desmascarada e renunciada. A culpa falsa, normalmente, se expressa por meio de legalismo, perfeccionismo ou depressão.

Legalismo é criar um padrão de comportamentos exteriores e colocar esses indicadores como prova de alguém ser (ou não) bom ou espiritual. Nesse contexto, é muito fácil os líderes da igreja induzirem os membros a sentir culpa falsa, culpa sobre assuntos ou áreas que Deus nunca indicou como pecado. Um estudo sério do livro de Gálatas (especialmente Gl 4.8-11; 5.1-4) demonstra a heresia do legalismo: a atitude de que por nossas obras seremos salvos ou aceitos diante de Deus. Essa mesma atitude é também a raiz do perfeccionismo.

Perfeccionismo é basear nossa identidade ou sentimento de autoaceitação em nosso comportamento ou produtividade. Isso está muito ligado ao ativismo, porque a pessoa enganada nessa área trabalha longas horas, procurando ganhar a aceitação de outros ou até de si mesma! Tal pessoa sente-se culpada quando para de trabalhar. Não consegue descansar. Não entende nem experimenta a graça de Deus. Para ela, a graça é uma teoria ou uma teologia abstrata. A doutrina pela qual ela verdadeiramente rege a sua vida é a de provar ou demonstrar que ela é boa ou aceitável. Nada é de graça. Tudo tem seu preço. David Seamands trata profundamente disso em seu livro *O poder curador da graça* (esgotado). Ver também Max Lucado, *Nas garras da graça*, Rio de Janeiro: CPAD, 2018), que mostra que nada nos separa do amor que Cristo tem por nós. O autor convida a escalar o cume da montanha da misericórdia divina através da graça de Cristo.

Culpa não resolvida facilmente leva à depressão. A culpa leva a um sentimento de tristeza e até de desespero quanto à nossa habilidade de viver da forma correta. Podemos procurar resolver essa tristeza e desespero olhando para Deus e assim encontrando libertação de nossa culpa nele. Outras vezes, procurando resolver nossa tristeza e desespero olhando para dentro de nós mesmos, acabamos nos perdendo na autopiedade e na depressão. Paulo fala disso quando diz:

> A tristeza os levou ao arrependimento. Pois vocês se entristeceram como Deus desejava, e de forma alguma foram prejudicados por nossa causa. A tristeza segundo Deus não produz remorso, mas sim um arrependimento que leva à salvação, e a tristeza segundo o mundo produz morte.
>
> 2Coríntios 7.9b-10

Bruce Narramore, citado por Gary Collins (1984:102-103), faz uma comparação muito útil com base nesses versículos.

Comparação entre a Culpa Psicológica e a Tristeza Construtiva

	Culpa Psicológica	Tristeza Construtiva
Pessoa principalmente enfocada	Você	Deus ou outros
Atitudes ou atos principalmente focalizados	Erros passados	Prejuízos causados a outros ou nossas obras corretas no futuro
Motivação para a mudança (caso necessário)	Evitar sentimentos negativos (complexo de culpa)	Ajudar outros, promover nosso crescimento ou fazer a vontade de Deus (sentimentos de amor)
Atitudes para com a própria pessoa	Ira e frustração	Amor e respeito combinados com preocupação
Resultado	a) Mudança externa (nas motivações inadequadas) b) Estagnação devida ao efeito paralisante da culpa c) Mais rebelião	Arrependimento e mudança baseados numa atitude de amor e respeito mútuos

Lembro-me de ter amigos superdeprimidos. Um deles estava à beira do suicídio, por ter se entregado à culpa psicológica, descrita acima. Reconhecer, por meio desse perfil, quando caímos na culpa falsa nos dará base para nos arrependermos de haver olhado para dentro, em vez de haver olhado para Deus. Se tomarmos essa atitude, a culpa falsa pode ser superada.

Para resumir, a culpa falsa facilmente se demonstra por meio do legalismo, do perfeccionismo, da opressão demoníaca e de uma culpa que olha para dentro, levando assim à depressão e até ao suicídio. Se experimentarmos a graça de Deus e fixarmos nossos olhos nele, essas raízes e expressões da culpa falsa serão superadas.

> *Instrutor: repasse a tarefa par a próxima semana e então divida os participantes em grupos como na semana passada.*

TAREFA PARA O PRÓXIMO ENCONTRO

1. Faça a autoavaliação no começo do próximo capítulo e leia a seção "PARA ESTUDAR", sublinhando os pontos importantes e fazendo anotações nas margens.
2. Faça um diário espiritual sobre a esperança da restauração para as pessoas que verdadeiramente a estejam procurando, com base em Isaías 40.1-5; 57.15, 18-19 (citados no começo do capítulo 10), respondendo às perguntas:
    a) O que Deus está me dizendo?
    b) O que vou fazer com base nisso (aplicação)?
3. *Opcional (se houver tempo)*: Anote outros versículos que nos ajudam a entender melhor o impacto dos pais na formação de suas crianças.

PERGUNTAS PARA REFLEXÃO E DISCUSSÃO

1. Reserve dez minutos para escrever a Deus o que você está sentindo ou use sua imaginação santificada para escrever o que você sente que Deus pode estar falando a você agora.

2. Compartilhe com seu grupo uma das coisas que mais mexeu com você neste estudo. Se você escreveu uma oração sobre isso, fique à vontade para lê-la a seus companheiros (*30–35 minutos*).

172 Introdução à restauração da alma

3. *Opcional*: Compartilhe com base na sua autoavaliação, ou se alguém no grupo tiver uma necessidade séria que quiser compartilhar, use o restante do tempo para ouvi-lo (a) e ministrar a ele (a).
4. Terminem a sessão compartilhando pedidos de oração e orando juntos (*20-25 minutos*).

BIBLIOGRAFIA COMENTADA

AUGSBURGER, David. *Importa-se o bastante para perdoar e importa-se o bastante para não perdoar.* Arapongas: Cristã Unida. 1981/1992. 160 páginas. (esgotado) Dois livros em um: o primeiro trata do perdão caro ou verdadeiro, e o segundo, do perdão barato ou falso. Ele explica que quando o "perdão" o põe em vantagem, por cima, em posição de superioridade como o benfeitor, o generoso, o fornecedor de liberdade e dignidade, não confie nele. Não o ofereça. Não o aceite. Isso não é perdão. É uma doce e beata vingança.

CHAMBERS, Oswald. *Tudo para ele: leituras inspiradoras para todos os dias.* Belo Horizonte: Betânia, 1927/1988. 287 páginas. **Este é o melhor livro devocional que conheço,** tendo uma meditação para cada dia do ano. As meditações são curtas mas profundas, ajudando tremendamente tanto às pessoas feridas como a crentes e líderes saudáveis. Ajuda a enxergar a pessoa de Cristo e as verdades espirituais de uma forma profunda, desafiadora e libertadora. Este livro não está ligado ao assunto da culpa em si, mas ajuda a dar uma base para a vida cristã inteira.

COLLINS, Gary. *Aconselhamento cristão.* São Paulo: Vida Nova, 1980/1984. 389 páginas. Veja o comentário na página 32.

HOFF, Paul. *O pastor como conselheiro.* São Paulo: Vida, 1981/1996. 288 páginas. Veja o comentário na página 32.

SEAMANDS, David. *O poder curador da graça.* São Paulo: Vida, 1988/1990. 178 páginas. Veja o comentário na página 76.

STOOP, David. *Perdoando nossos pais, perdoando a nós mesmos.* Curitiba: Esperança, 2014.

TOURNER, Paulo. *Culpa e graça.* São Paulo: ABU Editora, 1985. 218 páginas. Enfoca a diferença entre culpa verdadeira e falsa.

10 ENTENDENDO SE HÁ NECESSIDADE DE UM PROCESSO MAIS PROFUNDO DE RESTAURAÇÃO

Consolem, consolem o meu povo, diz o seu Deus. Falem carinhosamente a Jerusalém! Digam a ela que o seu tempo de sofrimento acabou. Digam que os pecados que ela cometeu já foram perdoados, e que o Senhor vai dar duas bênçãos para cada castigo que lhe deu! Ouçam! Estou escutando alguém gritar: "Preparem um caminho para o Senhor através da terra vazia; preparem para ele um caminho reto e plano no deserto. Aterrem os vales, nivelem os morros; endireitem os caminhos tortos e deixem perfeitamente planos os lugares por onde ele passar. A glória do Senhor será vista por todos os homens. Foi ele mesmo quem prometeu isso!"

Isaías 40.1-5, BV

Assim diz o Alto, o Sublime, que vive na eternidade, cujo nome é o Santo: "Eu moro naquele lugar alto e santo, mas vivo também com o humilde e com o arrependido. Eu dou novas forças aos desanimados, dou coragem e vontade de viver aos que estão tristes e abatidos por causa de seus pecados.[...]Eu tenho visto tudo o que fazem, mas assim mesmo vou curar sua doença! Eu vou guiar o meu povo, vou consolar os que choram de tristeza pelos seus pecados. O resultado desse arrependimento será a paz, paz que Eu criei para os que estão perto e para os que estão longe. Eu vou curar todos eles!"

Isaías 57.15,18-19, BV

AUTOAVALIAÇÃO DE SUA NECESSIDADE DE UM PROCESSO MAIS PROFUNDO DE RESTAURAÇÃO

Pesquisas envolvendo famílias e pessoas com dependência química ou emocionalmente oprimidas

174 Introdução à restauração da alma

têm identificado certas características comuns de comportamento nos filhos adultos dessas famílias.

Existe uma estrutura básica de desordem que danifica os envolvidos. Embora o povo em geral apresente muitos desses distúrbios, os que foram criados em famílias disfuncionais apresentam uma incidência maior. Esse exercício é adaptado e traduzido do livro *The Twelve Steps: a Spiritual Journey* (P. 1-4) e pretende ajudá-lo a detectar se essas características de comportamento disfuncional são típicas de sua vida. Coloque um visto na frente de cada item com o qual você se identifica. Se você se identifica só parcialmente, pode colocar "1/2"ou "3/4".

Os itens que seguem requerem uma honestidade que muitas pessoas não têm. Espero que as repetidas autoavaliações que você fez nos capítulos anteriores tenham-no ajudado a ser mais sensível quanto a sua vida interior e mais disposto a ser honesto consigo mesmo. Se quiser uma segunda opinião, peça a seu cônjuge ou a um bom amigo para preencher a autoavaliação sobre você.

_____ 1. Um forte sentimento de **baixa autoestima** me leva a julgar os outros e a mim mesmo sem misericórdia. Tento compensar essa falha sendo perfeccionista, controlador e crítico.

_____ 2. Tenho a tendência de me isolar e **sinto insegurança** perto de outras pessoas, especialmente figuras de autoridade.

_____ 3. **Procuro a aprovação dos outros** e faço qualquer coisa para que eles gostem de mim. Sou leal ao extremo, mesmo quando é evidente que tal lealdade não é merecida.

_____ 4. **Sou exageradamente sensível e ansioso** quando sofro críticas pessoais e quando lido com pessoas encolerizadas.

_____ 5. Em geral, **escolho me relacionar com pessoas não acessíveis** emocionalmente e com personalidades viciosas. Geralmente, sinto menos atração por gente saudável e atenciosa.

_____ 6. Vivo minha vida como **vítima** atraída por outras vítimas em meus relacionamentos de amor e de amizade. Confundo amor com piedade, tendo a tendência de "amar" pessoas necessitadas que posso resgatar ou proteger.

_____ 7. **Sou super-responsável ou superirresponsável.** Procuro resolver os problemas dos outros, ou espero que os outros se responsabilizem por mim. Isso me ajuda a evitar examinar meu próprio comportamento.

_____ 8. **Sinto-me culpado** quando luto por mim mesmo, ou ajo positivamente a meu favor. Faço concessões aos outros em vez de cuidar de mim mesmo.

_____ 9. **Nego, minimizo ou reprimo os sentimentos** de minha infância traumática. Perco a capacidade de expressar minhas emoções, sem ter consciência do impacto disso em minha vida.

_____ 10. Tenho uma personalidade **dependente** e sinto medo da rejeição e do abandono. Minha tendência é permanecer em empregos ou manter relacionamentos que me são prejudiciais. Meu medo pode me impedir de pôr fim a relacionamentos nocivos, ou me impede de buscar relações mais saudáveis.

_____ 11. Negação, isolamento, controle e culpa mal direcionada são sintomas meus. Me sinto **sem força e sem esperança.**

_____ 12. Tenho **dificuldade em manter relacionamentos íntimos.** Sinto insegurança e falta de confiança nos outros. Não tenho limites bem definidos e me perco no meio das necessidades e das emoções de meu parceiro.

_____ 13. Encontro **grande dificuldade em dar prosseguimento,** do começo ao fim, a um projeto de trabalho.

_____ 14. **Preciso estar no controle** das situações. Reajo de forma exagerada a mudanças que não estão sob meu controle.

_____ TOTAL de vistos

Você pode interpretar seu escore da seguinte forma:

0   Você é extremamente saudável (ou está se enganando!)
01-04   Você tem uma boa base de saúde emocional, mas há algumas áreas que precisam de atenção.
05-07   Você tem problemas sérios e poderia aproveitar muito um grupo de apoio e de restauração da alma.
08-11   Seus problemas são profundos; sem um grupo de apoio e de restauração, dificilmente se libertará deles.

12-14   Você é um especialista em famílias disfuncionais! Trabalhando com um grupo de apoio e recebendo ministrações de restauração emocional, você tem uma boa possibilidade de ser grandemente usado para ajudar outros que precisam dessa ajuda.

PARA ESTUDAR

Enquanto você lê, não se esqueça de sublinhar pontos importantes e colocar anotações na margem. Especialmente, coloque a palavra "Eu?" com um ponto de interrogação onde você vê algo que possa estar relacionado a você.

Neste capítulo, damos uma visão panorâmica da fase seguinte de restauração para as pessoas interessadas. Lembre-se de que no prefácio falamos de duas fases: a primeira, este curso Introdução à restauração da alma, e a segunda, os grupos de apoio para pessoas feridas. Neste capítulo, encerramos a primeira fase e damos uma certa introdução à segunda. Responderemos de forma breve e introdutória às seguintes perguntas:

A. O que é um grupo de apoio?
B. Quais os propósitos do grupo?
C. Quem deve participar?

Se quiser se aprofundar nesse tema, consulte os livros recomendados no final do capítulo.

A. O QUE É UM GRUPO DE APOIO?

Definimos um grupo de apoio desta forma:

Um grupo de apoio é formado por pessoas que reconhecem que precisam de ajuda e que estão comprometidas a reunir-se regularmente para superar problemas que, individualmente, não conseguiriam resolver.

Vejamos cada frase com mais detalhes.

1. UM GRUPO DE APOIO RECONHECE QUE PRECISA DE AJUDA

Na fase um do curso "Introdução à restauração da alma", as pessoas preenchem muitas autoavaliações. Através delas ou de outras circunstâncias, algumas reconhecem que precisam de ajuda. **Nenhum grupo de discipulado ou grupo familiar que eu conheço se comunica em um nível tão profundo como um grupo de apoio.** O nível de abertura, honestidade, confronto e aceitação que é demonstrado é incrível.

O grupo segue um processo estruturado com base nos Doze Passos dos Alcoólatras Anônimos. Com algumas mudanças, trabalhamos com essa estrutura. Os Doze Passos levam alguém com a vida desestruturada a um processo de recuperação e restauração. Em nossos grupos de apoio, juntamos as treze dinâmicas de restauração com a estrutura dos Doze Passos.

O primeiro passo do A.A. é: "Admitimos que éramos impotentes perante o *álcool* — que tínhamos perdido o domínio sobre nossa vida". Nós modificamos isso para ser mais abrangente: "**Admitimos que éramos impotentes perante** *os danos causados por nossa separação de Deus* **e que tínhamos perdido o domínio sobre nossa vida**". Um grupo que começa com essa base não precisa de máscaras. Cada pessoa está no grupo porque confessa que sua vida está fora de controle. Os problemas podem ser os mais variados:

- Uma mãe solteira que não consegue lidar com o estresse da vida;
- Alguém recentemente divorciado, perdido em depressão;
- Alguém viciado;
- Alguém cuja violência e raiva assustam a si próprio;

178   Introdução à restauração da alma

- Uma mulher que se sente totalmente dominada por seu marido;
- Alguém que lida com experiências e tendências lésbicas ou homossexuais;
- Alguém que foi profundamente rejeitado por seu pai e/ou mãe e não se aceita;
- Alguém que passou por tantos psicólogos e psiquiatras que já sente que sabe tudo que eles dirão;
- Alguém cujo casamento está se destruindo por inabilidade de entender-se com o outro;
- Alguém que não consegue controlar seus pensamentos impuros;
- Alguém desempregado há vários meses.

Quando tais pessoas se reúnem, podem se abrir porque todas sabem que têm problemas. Abrindo-se, descobrem um ambiente de aceitação que nunca experimentaram antes. Cada pessoa aceita as outras porque sabe que não é melhor do que ninguém. Esse ambiente providencia possibilidades tremendas para crescimento e mudança.

2. O GRUPO DE APOIO ESTÁ COMPROMETIDO A REUNIR-SE REGULARMENTE

Para os membros do grupo, cada semana é uma luta. O encontro semanal lhes permite recuperar o fôlego emocional, desabafar, voltar para um ambiente de aceitação e receber o apoio e a ministração de cura de que precisam. **Também fornece um "laboratório vivo", onde os membros podem aprender e treinar num ambiente seguro novas formas de se relacionar consigo mesmos, com Deus e com os outros.** As suas tendências doentias diante de estresse e de conflitos aparecerão no grupo. Em vez de continuar com os mesmos padrões de sempre, os membros do grupo são desafiados e encorajados pelo grupo a começar a agir e reagir de novas formas sadias.

O grupo de apoio tem de ser a mais alta prioridade de cada membro depois de Deus e de sua família. Razões para faltar ao grupo seriam muito poucas. O sigilo dentro do grupo é altamente respeitado.

Na verdade, por meio de telefonemas durante a semana ou conversas avulsas depois de reuniões na igreja, os membros desenvolvem relacionamentos que vão muito além de um encontro semanal. Torna-se, para muitos, uma nova família.

Entendendo se há necessidade de um processo mais profundo de restauração **179**

3. O GRUPO DE APOIO SUPERA PROBLEMAS QUE INDIVIDUALMENTE NÃO CONSEGUIRIA RESOLVER

O grupo entende muito bem e acredita firmemente na sabedoria de Salomão quando ele falou:

> *Duas pessoas juntas podem lucrar muito mais do que uma sozinha, porque o seu trabalho vai render mais. Se uma delas cair, a outra a ajuda a levantar-se; mas o homem sozinho, quando cai, está em má situação. E, quando a noite está fria, duas pessoas usando o mesmo cobertor esquentam uma a outra. Mas, uma pessoa sozinha, como vai se esquentar? Uma pessoa sozinha corre o risco de ser atacada, mas duas pessoas juntas podem se defender melhor. E se forem três, melhor ainda; a corda trançada com três fios não arrebenta facilmente.*

Ec 4.9-12, BV

Um grupo de apoio normalmente é um grupo de quatro a seis pessoas que se reúne semanalmente por duas horas: a primeira meia hora reunidas com o "grupão" para discutir o tema do dia, e o restante do tempo no grupo pequeno.

B. QUAIS OS PROPÓSITOS DO GRUPO?

Os propósitos do grupo de apoio incluem a cura dos problemas do *passado*, a força e graça para sobreviver no *presente* e a construção de um alicerce emocional que pode ser a base para um *futuro* saudável.

Quanto ao **passado**, além do que se trata no processo dos Doze Passos (utilizando *Aprofundando restauração da alma*), os membros podem pedir que a equipe de restauração ministre para eles (cf. capítulo 11, disponível no site do ministério Rever). A ministração, normalmente, acontece no contexto do grupo de apoio, onde os demais intercedem, acompanham, aprendem e, muitas vezes, recebem uma medida de cura por meio da ministração à outra pessoa.

Os grupos de apoio se tornam indispensáveis para dar prosseguimento às ministrações de restauração. Comparamos a ministração a uma cirurgia. O grupo então tem o papel de enfermeiras e fisioterapeutas que dão cuidados pós-cirúrgicos. A pessoa precisará começar novos hábitos de pensar e de agir. Isso leva tempo e requer um grupo que apoie e cobre essas mudanças.

Quanto ao **presente**, o grupo ajuda cada membro a lidar com os desafios que enfrenta em seu dia a dia. Problemas que surgem durante a semana são tratados; o grupo encoraja e aconselha-se mutuamente. Uma vez que os membros se sentem aceitos no grupo, a sabedoria entre eles torna-se impressionante! O grupo também é tremendo em desmascarar mecanismos de defesa, ajudando os membros a se entenderem muito melhor e a serem honestos consigo mesmos.

Quanto ao **futuro**, os membros do grupo criam um alicerce firme através da estrutura dos Doze Passos e das dinâmicas de restauração. Um passo pode demorar algumas semanas para se firmar, outros passos podem demorar um mês. Cada grupo de apoio andará em seu próprio ritmo, mas geralmente concluirá o processo dentro de um ano e meio. Terminando o curso, celebra-se com uma "formatura", e as pessoas, normalmente, voltarão a participar nos outros grupos pequenos na igreja; discipulado (treinamento de liderança), grupos familiares e equipes de ministério. Muitos voltam a encontrar-se periodicamente, para compartilhar e manter a graça que Deus lhes deu como um grupo muito especial.

Algumas pessoas podem se beneficiar fazendo outros cursos específicos depois dos Doze Passos: um curso sobre limites, um grupo de apoio para vítimas e sobreviventes de abuso (GAVs), um curso sobre casamento sadio etc. Outros continuarão com os grupos de apoio dos Doze Passos, mas dessa vez como parte da equipe de restauração, por sentirem um chamado nessa área. Um dos propósitos do grupo de apoio é descobrir pessoas vocacionadas na área de restauração que possam se tornar parte da equipe.

C. QUEM DEVE PARTICIPAR?

O participante deve preencher os seguintes critérios:

1. Concordar que tem problemas e quer ajuda.
2. Estar disposto a dar uma alta prioridade aos encontros semanais do grupo.
3. Estar disposto a fazer duas horas de tarefas semanais, trabalhando no *Aprofundando a restauração da alma*.

Esses grupos de apoio estão previstos para funcionar dentro do contexto de uma igreja local. A meu ver, a igreja deve ser uma comunidade terapêutica. As treze dinâmicas espirituais fluem muito melhor dentro do contexto da igreja. A equipe de restauração que lidera e coordena os grupos de apoio deve ter a cobertura espiritual de seu pastor. Seria bom que ele participasse de pelo menos alguns encontros, especialmente no primeiro mês. A pessoa que lidera a equipe de restauração deve ser parte da equipe pastoral ou do conselho de líderes da igreja. Ela deve prestar contas ao pastor.

Para mais informações quanto a quem deve participar e passos sugeridos para se estabelecer grupos de apoio na sua igreja, veja meu livro indicado acima ou ligue para o Ministério Rever: (47) 3472-2056, consulte nosso site: www.ministeriorever.com.br e/ou a EAD ead.ministeriorever.com.br..

Para resumir: terminando este curso "Introdução à restauração da alma" e havendo estabelecido uma equipe de restauração, o passo seguinte é estabelecer grupos de apoio. Os grupos devem se reunir durante um ano e meio, com o propósito de restaurar pessoas feridas e levá-las a participar melhor das atividades normais e de outros grupos da igreja. Os grupos devem trabalhar com os Doze Passos e com as dinâmicas espirituais de restauração (cf. capítulos 11-13, disponíveis no site do ministério Rever)). Para isso, a equipe de restauração participará em um processo de treinamento que dura três anos. Ligue para o ministério Rever, no telefone citado acima, para mais informações.

As pessoas e famílias restauradas, por sua vez, levam a uma igreja restaurada, curada e curando os feridos ao seu redor. Tal igreja pode ser um farol para outras pessoas, mostrando o caminho para a cura e a restauração. Assim, caminhamos em direção de uma Noiva gloriosa e radiante, preparada para a volta de Jesus Cristo, podendo recebê-lo com alegria.

> *Instrutor: repasse a tarefa para apróxima semana e então divida os participantes em grupos como na semana passada.*

TAREFA PARA O PRÓXIMO ENCONTRO

1. Faça a autoavaliação no começo do próximo capítulo e leia a seção "Para estudar", sublinhando os pontos importantes e fazendo anotações nas margens, incluindo sinais como pontos de

interrogação, se você não entende ou não concorda com algo, um rosto com sorriso, se gosta de algo, ou as letras "NB", se é um ponto que deve Notar Bem etc.
2. *Opcional, se houver tempo*: Aprofunde seu estudo de Lucas 4.18-19, Isaías 61.1-4, ou outras passagens relacionadas à restauração da alma.

PERGUNTAS PARA REFLEXÃO E DISCUSSÃO

1. Reserve dez minutos para escrever a Deus o que você está sentindo ou use sua imaginação santificada para escrever o que você sente que Deus pode estar falando a você agora.

_____
_____
_____
_____
_____
_____
_____
_____
_____
_____
_____
_____

Entendendo se há necessidade de um processo mais profundo de restauração **183**

2. Compartilhe com seu grupo uma das coisas que mais mexeu com você neste estudo. Se você escreveu uma oração sobre isso, fique à vontade para lê-la a seus companheiros (*30-35 minutos*).

3. *Opcional*: Compartilhe com base na sua autoavaliação, ou se alguém no grupo tiver uma necessidade séria que quiser compartilhar, use o restante do tempo para ouvi-lo (a) e ministrar a ele (a).

4. Terminem a sessão compartilhando pedidos de oração e orando juntos (*20-25 minutos*).

BIBLIOGRAFIA

KORNFIELD, David. *Aprofundando a restauração da alma*. São Paulo: Mundo Cristão, 2008. Adaptando os Doze Passos dos Alcoólatras Anônimos, este manual dá prosseguimento a esse livro, contendo a fase dois, na qual grupos de apoio são estabelecidos para serem o contexto para a restauração emocional.

The Twelve Steps: a Spiritual Journey. San Diego: Recovery Publications, 1988.

APÊNDICE

1 DICAS PARA O COORDENADOR DO CURSO
"Introdução à restauração da alma"

Neste apêndice, trataremos dos seguintes temas:

A. Treinamento oferecido pelo Rever, um ministério do Mapi.
B. Tempo de duração do curso.
C. Quem deve participar (grupo aberto ou fechado).
D. Como iniciar o curso (o primeiro encontro).
E. Dicas para os treze encontros.
F. Ministrando restauração nessa primeira fase.

A. TREINAMENTO OFERECIDO PELO REVER, UM MINISTÉRIO MAPI

O Rever (Restaurando vidas, equipando restauradores) é o ministério de restauração dentro do Mapi (Ministério de apoio a pastores e igrejas).

Equipes do Rever oferecem treinamentos e materiais em sete áreas, incluindo as seguintes:

1. Imensurável amor de Deus: para trabalhar a paternidade.
2. Restauração: este livro compõe a base teórica da primeira das duas fases desse treinamento.
3. Grupos de apoio para pessoas feridas: a segunda fase do treinamento na área de restauração.
4. Grupos de Apoio trabalhando o livro *Limites*, de Henry Cloud e John Townsend.

A capacitação de ministros de restauração de três anos do Rever, usando este livro e o livro *Aprofundado a restauração da alma*, é para pessoas chamadas e vocacionadas nessa área. Ele se baseia em três retiros durante o ano: um no começo (três dias), outro no meio (três dias) e um ao final (três dias). Além disso, temos um encontro

186   Introdução à restauração da alma

mensal de um dia (normalmente num sábado), nos meses em que não temos retiros, dando um total de dezessete dias de treinamento por ano (sendo 51 dias nos três anos). Esse treinamento é sério porque a área de restauração é muito delicada, podendo facilmente causar problemas a pessoas que:

- Não entendem bem as raízes comuns de problemas emocionais.
- Não têm experiência em ministração de restauração em equipe, desenvolvendo uma equipe treinada.
- Não reconhecem suas limitações e nem têm o respaldo de uma rede de pessoas com mais experiência.
- Não sabem como dar o acompanhamento posterior necessário a alguém que recebe ministração na área de restauração.

Roger Hurding, em seu excelente livro *A árvore da cura*, dedica um capítulo à cura interior. Falando de pessoas que ministram nessa área, ele diz:

> Afirma-se que o ministério deles precisa ser sensível às possibilidades de encontrar um envolvimento com o oculto: uma enfermidade física e um pecado individual, bem como cicatrizes emocionais que requeiram a viagem da "imaginação pela fé". **Um trabalho assim exige homens e mulheres de grande calibre espiritual, maturidade psicológica, vasta experiência e treinamento adequado** (p. 418).

Recomendo-lhe que, se quiser montar uma equipe de restauração, reveja os critérios nas páginas 15 e 16 e entre em contato conosco para participar de nosso treinamento.

B. TEMPO DE DURAÇÃO DO CURSO

O livro em suas mãos é a base de um curso de um semestre (por exemplo, de agosto a dezembro), com encontros semanais de duas horas e com uma hora de tarefa para cada encontro. No primeiro encontro, distribui-se o livro e lê-se o prefácio da forma indicada abaixo. Depois, seguem-se os treze capítulos, podendo estender um capítulo por mais de uma semana se o grupo tiver muito interesse no tema.

No caso de minha igreja, oferecemos o curso durante o horário da escola bíblica dominical, ministrado por uma equipe. Tivemos para começar uma equipe de três pessoas liderando o curso: eu, minha esposa e a esposa do pastor. Isso permitiu que o curso continuasse sem interrupções mesmo quando alguém precisava faltar. Sendo uma classe da escola dominical, as pessoas não estavam acostumadas a fazer tarefas. Assim, o fato de sermos uma equipe nos permitiu dividir a classe, depois de um período introdutório, entre os que fizeram e os que não fizeram a tarefa. A equipe de nossa igreja local tem crescido a cada ano, tanto em membros como em experiência, ao ponto de podermos oferecer várias opções paralelas ao mesmo tempo.

O curso de introdução pode ser oferecido a cada ano numa igreja grande ou onde houver muito interesse. Em nossa igreja, oferecemos o curso Introdução à Restauração da Alma durante um semestre e os grupos de apoio para pessoas feridas trabalhando os Doze Passos (fase dois) no próximo ano, em nove meses. No terceiro ano, voltamos a oferecer o curso introdutório para uma nova turma, junto com outras opções para quem já completou os Doze Passos, por exemplo o curso Limites, um curso para casais, e grupos de apoio para vítimas e sobreviventes de abuso (GAVS). Estamos treinando pessoas também na área de aconselhamento leigo.

C. QUEM DEVE PARTICIPAR (GRUPO ABERTO OU FECHADO)

Grupos abertos têm algumas vantagens, e grupos fechados, outras. O gráfico abaixo resume algumas delas.

Vantagens do grupo aberto	Vantagens do grupo fechado
1. Os participantes podem convidar outros, facilitando o crescimento da igreja.	1. Os participantes se conhecem melhor e desenvolvem mais confiança.
2. Pessoas necessitadas que ouvem do curso, após seu início, podem entrar a qualquer momento.	2. Não há pessoas pegando o "bonde andando", ficando meio perdidas.

3. As pessoas podem descobrir se o curso é algo interessante para elas, algumas desistem e outras entram. Não há tanta preocupação com as desistências, como seria o caso num grupo fechado.	3. As pessoas têm um período inicial de um mês para definir se irão se comprometer. Daí para frente, o grupo pode andar num ritmo mais comprometido do que no grupo aberto. O grupo é mais "sério".
4. Se a equipe tiver confiança, atende melhor a mais pessoas.	4. A equipe de instrutores tem mais controle, podendo limitar o tamanho do grupo.
5. Ajuda na seleção para a segunda fase, pois a prioridade de participação nos grupos de apoio irá para as pessoas fiéis e responsáveis da primeira fase. Possivelmente, apenas a metade de um grupo aberto deve passar para os grupos de apoio, com suas maiores exigências.	5. A dinâmica de um grupo de apoio começaria a funcionar nessa primeira fase, podendo ter subgrupos definidos, já que as pessoas não faltam tanto. Com um grupo aberto, sempre há pessoas faltando e a divisão em grupos pequenos se complica, pois nem sempre podem ser os mesmos grupos de uma semana para outra.

O grupo fechado é recomendável quando:

A. A equipe de instrutores é nova e não tem muita confiança;
B. A demanda é alta e é preciso limitar o número de pessoas;
C. O curso é feito em catorze semanas. Prolongando-se mais, algumas das vantagens do grupo aberto pesam mais.

D. COMO INICIAR O CURSO (O PRIMEIRO ENCONTRO)

Antes do primeiro encontro, o líder precisa ter uma visão panorâmica clara, tendo estudado os primeiros quatro capítulos e conhecendo pelo menos os conceitos principais dos outros capítulos. O ideal é que a equipe faça o treinamento que o Rever oferece, no qual perguntas relacionadas a cada contexto podem ser respondidas.

Repasse as dicas para o líder do treinamento (p. 15-17). As dicas a seguir se referem a um encontro de duas horas. Recomendo que as matrículas sejam feitas antes do primeiro encontro e que uma equipe de duas ou três pessoas fique na porta da sala para fazer as matrículas dos que ainda não fizeram. Essa equipe deve dar uma cópia deste livro a cada pessoa. Sugiro que a matrícula seja pelo menos duas vezes o custo do livro, para que haja recursos para ajudar pessoas que não tenham condições. Peça às pessoas que cheguem com meia hora de antecedência para que se possa começar na hora indicada.

1. **Oração inicial e louvor.** Se as pessoas chegarem atrasadas, o que é provável no primeiro encontro, talvez este período tenha de ser abreviado. Verifique se o grupo quer começar e terminar os encontros seguintes na hora já estipulada ou mais tarde. (*15 minutos*).

2. **Introdução.** Com o grupo sentado em círculo, faça uma dinâmica para todos se conhecerem pelo nome. Peça a cada pessoa que diga seu nome e uma palavra do que está sentindo nesse momento, sem poder repetir a palavra das outras pessoas. Peça, também, que antes de se apresentar, cada um diga os nomes de todos os que já se apresentaram. Eles podem anotar os nomes, mas não podem lê-los quando forem repetir os nomes. (Você deve sempre ter lápis ou canetas extras para todos os encontros, mas peça que eles tragam seu próprio lápis ou caneta). Conclua pedindo que respondam à pergunta: "Qual o valor de conhecer os nomes das pessoas?" Esse exercício, repetido de forma resumida nos outros encontros, estabelece um sentido de comunidade (*30 minutos*).

3. **Apresentação do livro** (*20 minutos*).
   A. Comente brevemente os temas dos primeiros seis capítulos, indicados no índice, pedindo-lhes para ler depois os outros temas.
   B. Leia com o grupo os três parágrafos do prefácio que falam sobre as duas fases (p. 13), explicando que está iniciando-se a primeira. Peça que leiam o restante do prefácio posteriormente.
   C. Diga que cada capítulo é dividido em quatro partes. Leia as explicações breves da página 15.

190 Introdução à restauração da alma

D. Esclareça que os encontros serão de duas horas, divididos em cinco partes. Leia apenas a parte em negrito das páginas 16 e 17, mostrando o tempo indicado para cada atividade.
4. *Opcional, se houver tempo:* Ensino e discussão em algum cântico de valorização e ou alguma dinâmica espiritual.
5. Encerramento (*30 minutos*).
   A. Leia junto com o grupo a tarefa (p. 17) e assegure-se de que todos entenderam como fazê-la.
   B. Divida os participantes em grupos pequenos para conversar sobre os dois itens no final da página 16. O encontro terminará nesses grupos pequenos.

E. DICAS PARA OS DEZ ENCONTROS

Veja as dicas das páginas 16 e 17 quanto à utilização do tempo. Há flexibilidade para mudanças quanto ao tempo determinado, caso haja necessidade, mas no encontro seguinte procure repor a atividade não realizada. Se o encontro for só de uma hora semanal, faça o estudo em duas semanas, fazendo as atividades um e dois em um encontro e as atividades três a cinco no seguinte.

Sempre preencha a autoavaliação do capítulo a ser ministrado antes do encontro e faça suas anotações quanto a possíveis itens a serem comentados ou ilustrações curtas relacionadas a algum dos princípios. As ilustrações, geralmente, devem tomar de trinta a sessenta segundos, para não acabar consumindo o tempo limitado da segunda parte abaixo.

Faça um pequeno estudo indutivo do texto antes de começar o capítulo e peça a alguém para ler enquanto os demais refletem sobre a pergunta "O que essa passagem tem a ver com a restauração da alma?" (*10-15 minutos*).

Verifique quantos preencheram a autoavaliação e leram todo o capítulo. Depois, pergunte quantos preencheram a autoavaliação, mas não conseguiram ler o capítulo. Tendo um grupo que fez a tarefa (ou pelo menos a autoavaliação) e outro não, divida-os. O líder principal, normalmente, ficará com o grupo que não fez a autoavaliação, para explicar qualquer dúvida e ajudá-los. Nos primeiros encontros, provavelmente, haverá um grupo razoável que terá problemas em fazer as autoavaliações por falta de costume. Explique

Dicas para o coordenador do curso "Introdução à restauração da alma" **191**

como fazer o primeiro item e depois, enquanto trabalham, ajude as pessoas individualmente e responda a perguntas que surgirem. Os que entenderem bem como fazer também poderão ajudar o companheiro a seu lado.

Nos dois grupos, deve-se verificar os resultados da autoavaliação em termos gerais, vendo quantas pessoas caem nas diferentes categorias indicadas no final da autoavaliação. Leia junto com o grupo qualquer definição destacada como chave e peça seus comentários e perguntas com base nisso (*30-35 minutos*).

Repasse a tarefa no final da leitura antes de dividir as pessoas em grupos pequenos, explicando como fazer a autoavaliação no começo do capítulo seguinte. Explique também o exercício para os grupos pequenos sobre escrever uma conversa entre Deus e a pessoa. Releia a explicação da página 16 e peça-lhes que escrevam a conversa com Deus (a primeira parte de "Perguntas para reflexão e discussão") (*15 minutos*).

Divida as pessoas em grupos pequenos e diga-lhes que o encontro terminará nesses grupos, nos quais elas responderão às perguntas (*35 minutos*) e concluirão em oração (*25 minutos*).

Se houver interesse por um lanche, escolha alguém para organizá-lo sem que tome tempo do primeiro encontro. Se quiser fazer um aviso sobre o lanche do próximo encontro, seja breve.

Siga o mesmo horário indicado acima e nas páginas 16 e 17, nos encontros seguintes.

Abaixo, segue um comentário especial sobre o estudo de Lucas 4.18-19 do capítulo três (p. 51). Você só deve ler o comentário após fazer seu próprio estudo.

Lucas 4.18-19 tem sido chamada de "Carta Magna do reino de Jesus" e o plano de ação para seu ministério aqui na terra.

"O Espírito do Senhor está sobre mim." No Antigo Testamento, o Espírito pousava nas pessoas em momentos especiais; na Nova Aliança, como estilo de vida. Sem ser cheio do Espírito e andar no poder, nos dons e no fruto do Espírito, o restante da passagem nunca acontecerá.

192 Introdução à restauração da alma

"**Porque ele me ungiu.**" Unção consagra e dá poder. Sou consagrado? Sou investido de poder? Quais as evidências?

"**Para pregar boas-novas.**" Proclamar, anunciar, declarar, comunicar, transmitir. Ser um representante oficial dessa mensagem, um embaixador, ser identificado publicamente com essa mensagem.

"**Boas-novas.**" O evangelho, uma esperança, um futuro, uma saída, um escape, uma opção. Ser um encorajador no meio de vidas cheias de más notícias e circunstâncias.

"**Aos pobres.**" Quebrantados (Is 61.1), necessitados, destituídos, carentes, sem recursos, desprezados, sem nada para oferecer. Preciso ser pobre de espírito (Mt 5.3) para comunicar bem aos pobres? Veja Lucas 7.22.

"**Ele me enviou.**" O sentido do verbo no grego é "e me continua enviando". Veja João 17.18; 20.21-23. O texto de Isaías 61.1 citado aqui tem uma frase adicional muito importante: "enviou-me a curar os quebrantados de coração". Note bem! A palavra grega usada na tradução dessa frase é *iaomai:* sarar, curar, restaurar a plena saúde.

"**Para proclamar liberdade**". Libertação (RA); o ministério de Jesus demonstra que pode se incluir aqui a libertação demoníaca.

"**Aos presos.**" Cativos (RA); escravos — que pode ser aplicada tanto à escravidão emocional como também à física e espiritual.

"**E recuperação da vista.**" Restauração (RA); Jesus é a luz do mundo que nos permite ver o que antes estava na escuridão (cf. 2Co 5,7,16,17).

"**Aos cegos.**" Veja a terrível cegueira em Mateus 13.13-15 que precisa de cura. A cegueira sendo curada abre a porta para cura em outras áreas.

"**Para libertar os oprimidos.**" Literalmente, os que estão machucados ou quebrantados.

"**E proclamar o ano da graça do Senhor.**" Graça: favor não merecido. Graça é o oposto de escravidão. Não se fala aqui de um ano do calendário, mas de uma época da graça. Essa citação de Isaías 61.1-2 indica o ano do Jubileu, quando tudo era restaurado e todos podiam ter um novo começo, ainda que seus pais houvessem falhado terrivelmente e sido escravizados ou tivessem vendido seus filhos à escravidão. Vale a pena ler tanto Isaías 61.2b-4 como o contexto dessa citação, um contexto que tem muito a ver com a restauração de vidas angustiadas, arruinadas e destruídas. Veja Isaías 58.12.

F. MINISTRANDO RESTAURAÇÃO NESSA PRIMEIRA FASE

Esse curso é uma <u>introdução</u> à restauração da alma e *não* pretende ser um curso no qual ministraremos cura no estilo explicado no capítulo 11, que se encontra no site da Rever. Na fase dois, a equipe oferecerá ministrações. Existem três motivos principais para essa ênfase:

1. Se a equipe de restauração está começando, ela não tem experiência. Não deve procurar ministrar restauração até ganhar experiência nos retiros de treinamento do Rever ou numa igreja onde esse ministério já está funcionando bem.

2. Na fase um, não existem grupos de apoio comprometidos que possam acompanhar as pessoas que recebem ministração. Sem este alicerce, a equipe não pode ministrar. Seria equivalente a fazer uma cirurgia sem acompanhamento adequado.

3. Não queremos ministrar para pessoas que acham que somos mágicos e que, recebendo uma ministração, tudo será resolvido. A pessoa que leva a sério o curso entende muito melhor o que está envolvido, recebe uma medida de iluminação e, às vezes, cura. Se ela demonstra ser ensinável, fiel, disponível e comprometida, é uma boa base para, então, trabalhar em sua vida interior.

Em casos de "pronto-socorro" emocional, pessoas que não vão aguentar até a segunda fase dos grupos de apoio, abre-se talvez uma exceção. Essas ministrações devem ser feitas em equipe, incluindo quando possível o cônjuge da pessoa e/ou alguém que possa acompanhá-la diretamente após a ministração, caso ela tenha liberdade de incluir tais pessoas. Essas pessoas funcionariam como intercessoras e uma delas como secretária da ministração, anotando o que for falado e o que acontecer.

APÊNDICE

2 RESPOSTA BREVE A ALGUMAS CRÍTICAS À RESTAURAÇÃO DA ALMA

Como qualquer outra coisa, a cura interior pode ser distorcida e aplicada de uma forma errada e não bíblica. Indicamos seis desses erros nas páginas 24 e 25. Mas algumas pessoas, como Dave Hunt em seu livro *A sedução do cristianismo* (Porto Alegre: Chamada da Meia-Noite, 1987/1995, esgotado), condenam toda cura interior. O livro dele tem causado polêmica e levado pessoas a resistirem à restauração emocional. Citarei as quatro críticas principais que ele faz contra a cura interior e especificamente contra a visualização e o uso da imaginação dirigida na oração, e em seguida darei minha opinião. Diz ele:

> *Deve ficar bem claro que: 1) Essa prática (a visualização e a imaginação dirigida na cura interior) não é bíblica; 2) Ela tem sido usada por milhares de anos em numerosas formas de feitiçaria; 3) Algo mais que simples imaginação está acontecendo; e 4) Aqueles que a praticam correm um risco real de se exporem a influência demoníaca* (P. 183).

Meu contraponto:

1. Existe muita base bíblica para a imaginação e a visualização. A Bíblia está cheia de metáforas. Na verdade, pelo fato de Deus ser Espírito, não conseguimos pensar nele sem visualizá-lo, ligando-o a algo que conhecemos neste mundo. A Bíblia o visualiza de muitas formas: como Pai, como rei soberano, como líder dos exércitos dos céus, como guia, como lavrador, como juiz, como cônjuge ciumento, como pastor, salvador, protetor e consolador, apenas para mencionar alguns exemplos. O Salmo 23, por exemplo, é uma visualização detalhada de Deus como pastor. De forma parecida, a igreja é visualizada como noiva, corpo, cidade, família, ovelhas, um candelabro, edifício, lavoura, casa, herança, a esposa do Cordeiro etc. Jesus ensinava por parábolas, levando as pessoas a visualizar as verdades bíblicas que ele queria comunicar.

Hunt faz uma boa distinção entre imaginação válida e espírita:

> Usos legítimos da imaginação envolveriam coisas como ver imagens mentais de algo que é descrito num livro; *projetar*, *planejar* ou *ensaiar* algo em nossas mentes; ou ainda *recordar* um lugar ou acontecimento. Tais processos mentais são auxílios normais a "atividades cotidianas e não envolvem tentativas de *criar* ou *controlar* a realidade por meio de poderes mentais" (p. 132; itálico do autor).

Depois dessas duas frases quanto ao uso positivo da imaginação, Hunt desenvolve quatro capítulos criticando o uso errado, mas não esclarece como funciona o uso certo. Mesmo que tenha falado claramente que existe imaginação legítima, ele deixa o leitor sentindo que toda imaginação dirigida e toda visualização são uma expressão do ocultismo.

Os verbos enfatizados na citação acima são importantes. Concordo totalmente com Hunt que o uso da imaginação para *criar* ou *controlar* a realidade por meio de poderes mentais não é bíblico. Também concordo com suas críticas sobre as crenças de alguns que misturaram a fé cristã com humanismo e espiritismo. Ao mesmo tempo, preciso esclarecer que quando visualizamos a presença de Jesus não estamos *criando-o*, muito menos invocando um espírito guia, como Hunt acusa. Jesus está presente. Ele se revela a nós em momentos especiais quando tira o véu que normalmente oculta de nós realidades espirituais. Nós estamos exercendo nossa imaginação para ver o que verdadeiramente existe, mas está numa esfera espiritual.

Paulo fala de enxergar Cristo quando diz: *"Agora, pois, vemos apenas um reflexo obscuro, como em espelho; mas, então veremos face a face. Agora conheço em parte; então, conhecerei plenamente, da mesma forma como sou plenamente conhecido"* (1Co 13.12). Mesmo com essas limitações em nossa habilidade de visualizar Jesus ou o Pai, Paulo diz em outro lugar que *"nós, que com a face descoberta contemplamos a glória do Senhor, segundo a sua imagem estamos sendo transformados com glória cada vez maior, a qual vem do Senhor, que é o Espírito"* (2Co 3.18). O autor de Hebreus nos chama a ter *"os olhos fitos em Jesus"* (Hb 12.2).

Quando voltamos ao passado, *lembramos* de acontecimentos verdadeiros. Não criamos algo que não existiu. Jesus estava presente no passado; não *criamos* a existência dele. Visualizamos na imaginação o que não dava para enxergar com olhos físicos (cf. 2Co 5.7,16,17).

2. O fato de que a visualização tem sido usada por milhares de anos e em numerosas formas de feitiçaria não significa que em si está errada. A *forma* de visualização que eles usam, procurando criar ou controlar a realidade, está errada. Contudo, o simples uso de qualquer coisa por pessoas espíritas, humanistas, materialistas, ateias ou pagãs não implica que essa coisa seja errada. Se fosse assim, teríamos de rejeitar o alfabeto romano que usamos, porque foi criado e usado por pessoas pagãs. Da mesma forma, rejeitaríamos o nosso sistema numérico, pois teve sua origem na Índia e foi trazido para o Ocidente pelos árabes. Nos Estados Unidos, há algumas seitas que rejeitam a eletricidade, o carro e outras coisas modernas por terem sido criadas e desenvolvidas por pessoas mundanas.

Deve ficar claro que a visualização e a imaginação dirigida não devem ser rejeitadas simplesmente porque têm sido usadas há tempo na feitiçaria. **O que deve ser rejeitado é o que todas as pessoas que eu conheço que trabalham na cura interior de maneira íntegra rejeitam: a criação ou controle de algo por meio de poderes mentais.** Concordo quando Hunt condena a ideia de que alguns pensam que só receberão alguma coisa, ou farão algo acontecer, se conseguirem visualizar. Essa perspectiva, que está na raiz da doutrina da prosperidade, é errada e tem causado muitos problemas. Hunt ataca essa perspectiva, e concordo com isso. Mas ele "joga o bebê fora com a água suja do banho". Mesmo que seja sincero, não é feliz em sua procura de obedecer ao mandato de pôr "*à prova todas as coisas e ficar com o que é bom*" (1Ts 5.21).

3. **No uso da visualização e imaginação na cura interior, algo mais do que uma simples imaginação está acontecendo.** Eu concordo com Hunt que algo mais que simples imaginação está acontecendo. Glória a Deus! Aleluia! Em minha experiência, simples imaginação nunca poderia explicar a transformação de vidas, a libertação de opressão e cura de feridas profundas. As pessoas enxergam Deus entrando em sua vida no ponto de sua dor, transformando seu coração traumatizado, irado, ressentido e machucado, num coração curado, liberto e perdoador. Sem dúvida, tal transformação não acontece por meio de mero esforço humano ou mera imaginação humana.

Hunt concorda que algo espiritual está acontecendo, só que ele atribui isso a forças malignas. Mesmo que eu nunca tenha visto isso acontecer, posso imaginar essa possibilidade, se as pessoas envolvidas na ministração não cumprirem os seguintes critérios:

A. Serem consagradas a Deus (consagrando-se de novo, antes da ministração) e serem cheias do Espírito Santo de Deus.

B. Serem submissas à Palavra de Deus (a Bíblia), agindo sempre de forma coerente com a Palavra e reconhecendo-a como a única autoridade inspirada e absoluta.

Satanás, sem dúvida, procura enganar e distorcer qualquer coisa que Deus faz. Se, em nome da cura interior, alguém é conduzido a perder o autocontrole ou a deixar algum espírito entrar em sua vida, isso é diabólico. Nós também não praticamos nem afirmamos a prática da regressão por meio da hipnose. Ao mesmo tempo, pessoas consagradas, cheias do Espírito Santo e submissas à Palavra podem ser usadas para ministrar cura interior a alguém. Se alguém atribui isso ao poder dos demônios, ele está andando bem próximo da condenação de Jesus quanto aos fariseus, que atribuíram o poder dele a Satanás (Mt 12.22-37).

4. Aqueles que praticam cura interior/restauração da alma correm um risco real de se expor à influência demoníaca. Discordo de Hunt de que há risco de espíritos aparecerem quando visualizamos Jesus. Já comentei o suficiente sobre isso acima. Ao mesmo tempo, concordo que a equipe de cura interior sempre deve estar preparada para confrontar demônios. Geralmente, libertação é uma parte normal de cura interior.

Pessoas abrem brechas grandes para os demônios através de anos ou décadas de amargura, ressentimento, medo e culpa. Normalmente elas precisam renunciar a esses demônios ou espíritos e mandá-los ir para onde Jesus indicar. Às vezes, os demônios procuram manifestar-se e outras vezes não. Mas as dicas de Neil Anderson, em seu livro *Quebrando correntes*, são muito eficazes para trazer libertação sem grande trauma à pessoa aflita e sem horas de gritaria e batalha espiritual.

Uma vez que os quatro erros de Hunt indicados acima são superados, a leitura dele pode ajudar bastante quanto a desmascarar o humanismo, a Nova Era, a psicologia secular e a parapsicologia, que advogam muitas formas de "terapia" que são expressões do ocultismo ou do espiritismo. Devemos, como já foi indicado, testar tudo e reter o que é bom. Aspiremos ser como os bereanos, que *"eram (de caráter) mais nobre do que os tessalonicenses, pois receberam a mensagem com grande interesse, examinando todos os dias as Escrituras, para ver se tudo era assim mesmo"* (At 17.11).

TESTE DE TRAUMAS EMOCIONAIS

Nome _____

Telefone _____ Data ___ / ___ / ___

Estado civil _____ Idade _____

Data da conversão ___ / ___ / ___

Igreja _____

Pastor _____

Líder da equipe de restauração _____

Telefone _____

Se você luta *hoje* com um destes problemas, ou lutou no *passado*, marque um X na frente do respectivo item. Se precisar, esclareça com uma frase breve. Descreva no verso a área ou o relacionamento que você mais gostaria que mudasse.

Hoje Passado

( ) ( ) Agressividade, violência

( ) ( ) Ódio, desprezo

( ) ( ) Raiva ou ira

( ) ( ) Brigas

( ) ( ) Nervosismo

( ) ( ) Frustração

( ) ( ) Mágoa

( ) ( ) Amargura

( ) ( ) Desânimo

( ) ( ) Derrota ou fracasso

( ) ( ) Desespero

( ) ( ) Esgotamento, estresse forte

( ) ( ) Loucura

( ) ( ) Morte na família

( ) ( ) Aborto

( ) ( ) Desejo de morrer

( ) ( ) Vontade de sumir

( ) ( ) Desejo de suicidar-se

( ) ( ) Depressão

( ) ( ) Ansiedade

( ) ( ) Angústia

( ) ( ) Medo

( ) ( ) Medo de escuridão

( ) ( ) Miséria

( ) ( ) Timidez

( ) ( ) Rejeição

( ) ( ) Solidão

( ) ( ) Culpa

( ) ( ) Ressentimento

( ) ( ) Inferioridade

( ) ( ) Superioridade

( ) ( ) Vergonha

( ) ( ) Pesadelos

200 Introdução à restauração da alma

( ) ( ) Mania de doença
( ) ( ) Doença crônica
( ) ( ) Agitação
( ) ( ) Fraqueza
( ) ( ) Tristeza
( ) ( ) Traumas
( ) ( ) Insônia
( ) ( ) Confusão
( ) ( ) Acusação, calúnia
( ) ( ) Dureza de coração
( ) ( ) Riso descontrolado
( ) ( ) Orgulho
( ) ( ) Glutonaria
( ) ( ) Preconceito
(machismo, racismo,
outro _____)
( ) ( ) Espancamento
( ) ( ) Idolatria
( ) ( ) Oferta a ídolos
( ) ( ) Maldição de família
( ) ( ) Vudu
( ) ( ) Pacto com demônios
( ) ( ) Ocultismo
( ) ( ) Imposição de mãos
fora da igreja
( ) ( ) Velas
( ) ( ) Ligação com a Nova
Era
( ) ( ) Banho de ervas
( ) ( ) Comunicação com os
mortos
( ) ( ) Manifestação de
guias
( ) ( ) Levitação
( ) ( ) Fez cabeça no
espiritismo

( ) ( ) Mentiras, engano
( ) ( ) Ligação com
maçonaria ou
sociedade secreta
( ) ( ) Trabalho em
encruzilhada
( ) ( ) Ligação com outras
religiões
( ) ( ) Palavrões
( ) ( ) Drogas
( ) ( ) Alcoolismo
( ) ( ) Fumo
( ) ( ) Retenção de dízimo
( ) ( ) Ciúmes
( ) ( ) Masturbação
( ) ( ) Prostituição
( ) ( ) Relação sexual fora
do casamento
( ) ( ) Frigidez sexual
( ) ( ) Abuso sexual, incesto
( ) ( ) Pornografia
( ) ( ) Bestialismo
( ) ( ) Idas ao motel
( ) ( ) Adultério
( ) ( ) Homossexualismo
( ) ( ) Pensamentos
impuros

Outros (especifique):

( ) ( ) _____

( ) ( ) _____

( ) ( ) _____

A IDENTIDADE E A POSIÇÃO DO CRISTÃO

As declarações seguintes resumem sua identidade e posição bíblica, em Cristo, e constituem a base de sua liberdade em Cristo. Leia essas declarações em voz alta, com frequência. Se atualmente você estiver envolvido num conflito espiritual, leia essas declarações em voz alta pelo menos uma vez por dia, durante um mês.

QUEM SOU EU?

Eu não sou o grande "EU SOU" (Ex 3.14; Jo 8.24,28,58), mas pela graça de Deus sou quem sou (1Co 15.10).

Eu sou o sal da terra (Mt 5.13).

Eu sou a luz do mundo (Mt 5.14).

Eu sou um filho de Deus (Jo 1.12).

Eu sou parte da verdadeira videira, um canal da vida de Cristo (Jo 15.1,5).

Eu sou amigo de Cristo (Jo 15.15).

Eu fui escolhido e nomeado por Cristo para dar seus frutos (Jo 15.16).

Eu sou um servo da justiça (Rm 6.18).

Eu sou um servo de Deus (Rm 6.22).

Eu sou um filho de Deus; Deus é meu Pai espiritual (Rm 8.14,15; Gl 3.26; 4.6).

Eu sou um coherdeiro com Cristo, partilhando sua herança (Rm 8.17).

Eu sou um templo, uma habitação, de Deus. O Espírito e a vida de Deus moram em mim (1Co 3.16; 6.19).

Eu estou unido ao Senhor e sou um espírito só com ele (1Co 6.17).

Eu sou um membro do corpo de Cristo (1Co 12.27; Ef 5.30).

Eu sou uma nova criação (2Co 5.17).

Eu fui reconciliado com Deus e sou um ministro da reconciliação (2Co 5.18,19).

Eu sou um filho de Deus e um em Cristo (Gl 3.26,28).

Eu sou um herdeiro de Deus, visto que sou um filho dele (Gl 4.6,7).

Eu sou um santo (Ef 1.1; 1Co 1.2; Fp 1.1; Cl 1.2).

Eu sou feitura de Deus, obra de suas mãos, nascido de novo em Cristo para fazer sua obra (Ef 2.10).

Eu sou um concidadão com os demais membros da família de Deus (Ef 2.19).

Eu sou um prisioneiro de Cristo (Ef 3.1; 4.1).

Eu sou justo e santo (Ef 4.24).

Eu sou um cidadão dos céus, assentado no céu agora mesmo (Fp 3.20; Ef 2.6).

Eu estou escondido com Cristo em Deus (Cl 3.3).

Eu sou uma expressão da vida de Cristo, porque ele é a minha vida (Cl 3.4).

Eu sou um escolhido de Deus, santo e amado dele (Cl 3.12; 1Ts 1.4).

Eu sou um filho da luz e não das trevas (1Ts 5.5).

Eu sou um participante da vocação celestial (Hb 3.1).

Eu sou um participante de Cristo; eu participo da vida dele (Hb 3.14).

Eu sou uma das pedras vivas de Deus, fui edificado em Cristo e sou uma casa espiritual (1Pe 2.5).

Eu sou um membro da raça escolhida, do sacerdócio real, da nação santa, do povo que é possessão do próprio Deus (1Pe 2.9,10).

Eu sou um estrangeiro neste mundo em que vivo temporariamente (1Pe 2.11).

Eu sou um inimigo do diabo (1Pe 5.8).

Eu sou um filho de Deus e me parecerei com Cristo quando ele voltar (1Jo 3.1,2).

Eu sou nascido de Deus, e o maligno, o diabo, não pode me tocar (1Jo 5.18).

VISTO QUE ESTOU EM CRISTO, PELA GRAÇA DE DEUS:

Eu fui justificado, totalmente perdoado e feito justo (Rm 5.1).

Eu morri com Cristo e morri para o poder do pecado, que não mais exerce autoridade sobre minha vida (Rm 6.1-6).

Eu estou livre da condenação, eternamente (Rm 8.1).

Eu fui colocado em Cristo pela mão de Deus (1Co 1.30).

Eu recebi o Espírito de Deus em minha vida, para que eu possa conhecer as coisas que graciosamente me foram dadas por Deus (1Co 2.12).

Eu recebi a mente de Cristo (1Co 2.16).

Eu fui comprado por um preço; eu não me pertenço; eu pertenço a Deus (1Co 6.19,20).

Eu fui estabelecido, ungido e selado por Deus em Cristo e recebi o Espírito Santo como sinal que garante minha herança vindoura (2Co 1.21; Ef 1.13,14).

A identidade e a posição do cristão **203**

Visto que eu morri, já não vivo mais para mim mesmo, mas para Cristo (2Co 5.14,15).

Eu fui feito justo (2Co 5.21).

Eu fui criado com Cristo e não vivo mais, mas Cristo vive em mim. A vida que estou vivendo agora é a vida dele (Gl 2.20).

Eu fui abençoado com todas as bênçãos espirituais (Ef 1.3).

Eu fui escolhido em Cristo antes da fundação do mundo para ser santo e não tenho culpa diante do Senhor (Ef 1.4).

Eu fui predestinado, predeterminado por Deus, para ser adotado como filho dele (Ef 1.5).

Eu fui redimido e perdoado e recebo a graça abundante do Senhor (Ef 1.6-8).

Eu fui feito vivo junto com Cristo (Ef 2.5).

Eu ressuscitei e me assentei com Cristo no céu (Ef 2.6).

Eu tenho acesso direto a Deus, mediante o Espírito (Ef 2.18).

Eu posso aproximar-me de Deus com ousadia, liberdade e confiança (Ef 3.12).

Eu fui liberto do domínio de Satanás e transferido para o reino de Cristo (Cl 1.13).

Eu fui redimido e perdoado de todos os meus pecados. Meu débito foi cancelado (Cl 1.14).

O Senhor Jesus Cristo vive em mim (Cl 1.27).

Eu estou firmemente enraizado em Cristo e nele estou sendo edificado (Cl 2.7).

Eu fui feito completo em Cristo (Cl 2.10).

Eu fui sepultado, ressurgi e agora vivo com Cristo (Cl 2.12,13).

Eu morri com Cristo e ressurgi com ele. Minha vida está escondida com Cristo, em Deus. Agora, ele é a minha vida (Cl 3.1-4).

Eu recebi um Espírito de poder, de amor e de autodisciplina (2Tm 1.7).

Eu fui salvo e separado, de acordo com a vontade de Deus (2Tm 1.9; Tt 3.5).

Visto que eu estou santificado e feito um com quem me santificou, o Senhor não se envergonha de chamar-me de seu irmão (Hb 2.11).

Eu tenho o direito de achegar-me ousadamente diante do trono de Deus, a fim de receber misericórdia e encontrar graça que me ajude em tempos de necessidade (Hb 4.16).

204 Introdução à restauração da alma

Eu recebi promessas preciosas e magníficas da parte de Deus, mediante as quais eu me tornei participante da natureza divina do próprio Senhor (2Pe 1.4).

ÍNDICE DE AUTORES

As páginas em negrito têm um breve resumo desse livro.

Alexander, Helen 103, **110**

Allender, Dan 42

Anderson, Neil 105, 107, **110**, 123, 130, 198

Anderson, Spickard 39

Atkinson, Sue **110**

Augsburger, David 160, 172

Baettie, Melody 45

Barcelos, Carlos 39, 45

Billheimer, Paul 104, **111**

Borges Filho, Jader **130**

Bradford, Brick 43

Carvalho, Esly R.S 43

Castilho, Lísias 43

Cerling Jr., Charles 39, 145, **153**

Chambers, Oswald 88,126, **172**

Collins, Gary **32**, 84, 93, 98, 100, 102, 111, 163, 164, 169, 172

Damasceno, Fábio 32

Davies, Bob e Lori Rentzel ..43

Dobson, James C **76**

Dunn, Jerry G 39

Eggerichs, Emerson 76

Haggai, John 80, 93

Hemfelt, Robert 45

Hoff, Paul 32, 167, 172

Hurding, Roger F 33, 186

Hunt, Dave 195

Johnston, Patrick 48

Kornfield, David 39, 183

Kornfield, Débora 42

LaHaye, Tim 59, **76**, 87, **111**

Langberg, Diane 42, 76, 93, 111, 130, 145

Lazan, Gilbert.. .... 103, 111

Lucado, Max................... 93, 168

McClung, Floyd 14, 33, 93

McDowell, Josh 42

Miller, Kathy Collard **76**, 136, 141, 143, 150, 153

Morley, Patrick **154**

Moura, Lisânias 43

Narramore, Bruce 120, **130**

Nordtvedt, Matilda **111**

Payne, Leanne 43

Phillips, Bob 59, **76**

Seamands, David 14, 33, 68, **76**, 130, 168, 172

Silva Ferreira, Carlos A 33

Smith, Malcolm **154**

Stafford, Tim **130**

Stoop, David............... 160, 172

Strom, Kay Marshall.. 45

Swindoll, Charles R 93

Thompson, Barbara R 39

Toffler, Alvin 138

Tourner, Paulo 172

Trobisch, Walter **130**

Twelve Steps, The 174, 183

206   Introdução à restauração da alma

VanStone, Doris &
    E. Lutzer 42
White, John 43, 95, 98, 111

Yancey, Phillip 67, 76, 111
Zwahlen, Isabel 42

Para conhecer o REVER e obter a lista dos coordenadores
acesse: www.ministeriorever.com.br
www.pastoreiodepastores.com.br
Para conhecer o CPPC (Corpo de Psicólogos e Psiquiatras Cristãos)
acesse: www.cppc.org.br

Compartilhe suas impressões de leitura escrevendo para:
opiniao-do-leitor@mundocristao.com.br
Acesse nosso *site*: www.mundocristao.com.br

Revisão:	Ana Aparecida L. Silva
	Eclison Mendes de Rosa
Capa:	Julio Carvalho
Imagem:	Sophie
Diagramação:	Equipe MC
Gráfica:	Assahi
Fonte:	Adobe Caslon Pro
Papel:	Offset 63 g/m² (miolo)
	Cartão 250 g/m² (capa)